JULES DE GASTYNE

MÉMOIRES SECRETS

DU

COMITÉ CENTRAL

ET DE

LA COMMUNE

PARIS

LIBRAIRIE INTERNATIONALE

A. LACROIX, VERBOECKHOVEN ET Cie, ÉDITEURS

15, boulevard Montmartre et faubourg Montmartre, 13

MÊME MAISON A BRUXELLES, A LEIPZIG ET A LIVOURNE

1871

MÉMOIRES SECRETS

DU

COMITÉ CENTRAL

ET DE

LA COMMUNE

Paris. — Imp. Émile Voitelain et C°, rue J.-J.-Rousseau, 61.

JULES DE GASTYNE

MÉMOIRES SECRETS

DU

COMITÉ CENTRAL

ET DE

LA COMMUNE

PARIS

LIBRAIRIE INTERNATIONALE

A. LACROIX, VERBOECKHOVEN ET Cie, Editeurs

15, boulevard Montmartre et faubourg Montmartre, 13

MÊME MAISON A BRUXELLES, A LEIPZIG ET A LIVOURNE

1871

AVERTISSEMENT

Ce livre n'est point une histoire. C'est une photographie.

Comme la photographie, il n'a qu'un mérite : c'est d'être exact.

Nous y montrons sous leur vrai jour, — au déballage, comme on dit au théâtre, — les hommes du 18 mars.

Nous avons enregistré le plus minutieusement et le plus exactement possible leurs discours et leurs actes.

Nous avons laissé souvent dans les discussions et les séances de ces révolutionnaires d'estaminet les expressions et les images faubouriennes qui les émaillaient. Il était impossible de les traduire sans en dénaturer le sens, sans en enlever la saveur et l'énergie.

Nous tenions avant tout à la couleur locale; nous avons fait notre possible pour la conserver.

Le lecteur se demandera peut-être où nous avons pu puiser des détails d'une telle minutie et d'une telle exactitude.

Inutile de dire que nous sommes resté à Paris jusqu'au dernier jour de la Commune, jour où l'on est venu nous arrêter au bureau de *la Constitution*, pour nous fusiller.

Nous n'avons échappé à la mort que par un miracle du hasard.

Pendant le gouvernement du 18 mars nous avons pu, en notre qualité de journaliste, pénétrer à plusieurs reprises, à nos risques et périls, dans l'Hôtel-de-Ville.

Là, quelques membres du Comité se sont obligeamment mis à notre disposition. Ils nous ont fait assister à plusieurs de leurs séances et nous ont fourni des notes sur ce que nous ne pouvions pas voir nous-même.

Nous devons également à M. le baron Dutilh de La Tuque, ainsi qu'à quelques membres de l'Union républicaine, des documents précieux sur les pourparlers tentés entre le Comité central et Versailles.

Nous avons rassemblé tous ces renseignements, puisés à des sources diverses mais certaines, et nous avons essayé d'en faire un tout complet.

On y trouvera certainement bien des lacunes, surtout dans l'histoire de la Commune, mais on ne dira pas du moins de notre livre qu'il n'est qu'une indigeste compilation des journaux et des notes officielles émanant de l'Hôtel-de-Ville. Il jettera peut-être quelque lueur sur cette époque obscure que la plupart des historiens n'auront vue qu'à distance.

Nous avons écrit ces quelques pages sans parti pris, sans rancune et sans haine préconçue. Nous n'avions qu'un but : faire connaître la vérité.

On jugera les hommes après les avoir vus à l'œuvre.

Tous ne méritaient peut-être pas le sort qui leur a été fait et le jugement que l'on a porté sur eux. A toute règle il y a des exceptions.

JULES DE GASTYNE.

Paris, le 27 juin 1871.

MÉMOIRES SECRETS

DU

COMITÉ CENTRAL

ET DE LA COMMUNE

I

Fédération de la garde nationale; son but. — Comité central. — Salle Robert. — Comité d'artillerie des buttes Montmartre. — Léon Brin, commandant Poulizac et Fetsh.

C'était le 21 février. Paris venait d'apprendre avec un cri de douleur et d'indignation les conditions de la paix désastreuse que nous avait imposée la dureté de Bismarck.

La garde nationale de Paris, atteinte en plein cœur, se révolte. Un Comité central se forme. On répand dans les faubourgs le bruit que la République est menacée, que les Prussiens vont profiter de leur victoire pour nous imposer un monar-

1

que de leur choix, peut-être Bonaparte. Les clubs prennent feu. Le gouvernement du 4 septembre est vivement battu en brèche; on n'a pas confiance dans l'Assemblée nationale, et on regarde M. Thiers plutôt comme un orléaniste que comme un vrai républicain.

Le Comité central propose aux gardes nationaux de se choisir de nouveaux chefs parmi les hommes du peuple et les républicains éprouvés.

Les bataillons de la banlieue répondent avec empressement à cet appel. On élit des colonels, des commandants, des capitaines et jusqu'à des lieutenants.

En peu de jours la garde nationale est complétement réorganisée et forme une immense fédération comprenant vingt légions, — une légion par arrondissement.

Dès lors le Comité central devient une véritable force. Deux cent mille hommes lui obéissent. Ses ordres sont ponctuellement suivis, et son pouvoir peut contre-balancer celui du gouvernement, qui, d'ailleurs, ne semble guère se préoccuper de ce qui se passe.

Avant l'entrée des Prussiens à Paris, le Comité central, craignant qu'il ne prenne fantaisie aux sujets du roi Guillaume d'envahir toute la capitale, conseille aux bataillons de la garde nationale placés sous ses ordres de s'emparer des canons qui se trouvaient alors avenue Rapt, au Champ-de-Mars et dans le quartier des Champs-Élysées, et qui leur appartenaient.

Cet avis est écouté.

Dans une séance publique tenue dans la salle Robert, à Montmartre, on décide que l'on transportera les pièces d'artillerie sur les buttes Montmartre, sur les buttes Chaumont et dans le Parc-Royal.

La salle Robert est une petite salle carrée, décorée avec soin, située dans l'impasse Robert, et où se réunissait autrefois, tous les dimanches, une société assez peu choisie. On y buvait et on y dansait. Il s'y passait souvent des scènes dont la description n'aurait pas été déplacée dans les chapitres les plus lugubres des *Mystères de Paris*.

C'est dans cette salle que le Comité central tint longtemps ses séances. On s'y rendait en foule de tous les points de Paris, et une personne délicate serait certainement tombée asphyxiée après avoir respiré seulement un quart d'heure l'atmosphère étouffante qu'y produisait l'haleine d'un millier d'individus des deux sexes, mêlée à la fumée de cinq ou six cents pipes.

Les orateurs y parlaient avec feu, comme des gens convaincus de la grandeur de leur mission. On s'y disputait souvent, et bien des discussions ont dégénéré en de véritables querelles. Il était difficile d'y être reçu sans porter sur la tête un képi de garde national. Avec les moindres galons sur les bras, on était admis aux places d'honneur.

Il ne faudrait pas croire cependant que les femmes étaient exclues de ces réunions. Au contraire, on les recherchait et on les accueillait avec empressement. Elles faisaient un peu plus de tapage que les hommes, elles applaudissaient plus bruyamment; c'est ce que les orateurs demandaient.

Au moment où l'intérieur de Paris était calme et se taisait, le front rouge encore d'humiliation, une sourde colère grondait dans le club. Les hommes qui nous avaient gouvernés depuis le 4 septembre étaient injuriés et foulés aux pieds.

On n'avait pas pour eux assez d'opprobre et de mépris. On tournait en ridicule les généraux qui devaient vaincre ou mourir, et on riait bruyamment au souvenir du plan Trochu.

Il y avait là des haines sourdes, de sinistres imprécations. On en voulait à la bourgeoisie, gorgée par l'Empire, et que l'on accusait d'être la cause de tous nos maux. On parlait de vengeance, de socialisme et de communisme. Les orateurs étaient ardents, échevelés; ils avaient la barbe hérissée, et leurs grands gestes et leur voix haute impressionnaient le peuple. On sortait de là vivement ému et certainement plus méchant qu'on n'y était entré.

Quelques jours avant l'envahissement de Paris

par les Prussiens, un orateur propose à la tribune de transporter sur les buttes Montmartre les canons de la garde nationale, afin de les mettre en sûreté.

Toute l'assistance, qui se composait principalement d'habitants du faubourg, applaudit à cette proposition.

On procède immédiatement à la nomination d'une commission chargée de mettre cette hauteur en état de défense.

Les citoyens Léon Brin, ingénieur, Poulizac, commandant, et Fetsh, sont choisis par le peuple.

Ils se rendent auprès des dépositaires des pièces et les somment de faire transporter celles-ci au pied du moulin de la Galette. Là on range les canons en batterie et on installe un comité ou bureau d'artillerie.

Mais les citoyens Poulizac et Léon Brin, malgré le zèle qu'ils déploient, ne sont pas suffisamment secondés par la garde nationale.

En vain ils veulent commencer des tranchées et des travaux de défense de terre, ils rencontrent une opposition systématique chez les principaux chefs. C'est à peine si l'on veut croire même à l'existence d'un Comité central; on a moins de confiance encore dans le Comité d'artillerie des buttes Montmartre.

Les membres de ce comité expliquent chaque

soir, dans les réunions, le motif qui les fait agir. Ils cherchent à faire comprendre à la population qu'ils ne se sont emparés du pouvoir que pour résister à la Prusse, dans le cas où cette nation orgueilleuse, désobéissant au gouvernement, voudrait dépasser, dans Paris, les limites qui lui ont été tracées par les préliminaires du traité de paix. On ne les écoute pas.

Après huit jours d'une lutte acharnée, après avoir froissé bien des amours-propres, après avoir essuyé mille contrariétés et fait commencer déjà d'importants travaux, les citoyens Léon Brin et Poulizac se rendent à la salle Robert et donnent leur démission de membres de la commission d'artillerie.

Il y avait foule dans le club, ce soir-là.

Cette nouvelle cause une triste impression. On supplie le commandant et l'ingénieur de rester à leur poste, mais ils s'y refusent énergiquement tous les deux.

Alors, le sergent-major Mayer se lève et accuse, au milieu d'un profond tumulte, les deux démissionnaires de déserter leur poste au moment du danger.

L'assistance se récrie. Brin et Poulizac réfutent l'accusation. Ils disent au public qu'ils n'avaient pas d'autre but, en prenant le commandement qu'on leur avait confié, que de montrer aux Prussiens que Paris était sur la défensive.

Léon Brin, agité, pâle, les yeux en feu, crie que la situation qu'on leur fait n'est pas tenable pour des hommes d'honneur. Nul ne veut leur obéir, on les contredit sans cesse. D'ailleurs, leur mandat est rempli, et ils ne peuvent retirer leur démission.

La foule l'accepte non sans murmures.

Léon Brin est un homme d'un trentaine d'années à peu près, de taille moyenne, figure fière et énergique, parole brève, moustache noire, cheveux noirs, yeux petits et visage ovale.

Il est intelligent et instruit. Il parle avec feu et animation, et le public se laisse fatalement subjuguer par ses démonstrations.

Quant au commandant Poulizac, il ressemble quelque peu à un gendarme bon style. Il a une moustache et des cheveux châtain foncé qui grisonnent. C'est un intime ami de Garibaldi, à qui il a rendu de signalés services à la bataille de Mentana. Sa poitrine est ornée de sept ou huit décorations. Il possède en Italie une filature très-importante. Étant venu à Paris pour affaires quelque temps avant le siége, il s'y trouva pris, et se mit à la tête d'un bataillon de francs-tireurs qu'il avait formé lui-même. Il est retourné depuis dans la patrie de Garibaldi (1).

---

(1) Le commandant Poulizac, qui avait pris du service dans l'armée de Versailles, a été tué à Paris, sur la place du nouvel Opéra.

Fetsh était sergent-major de la garde nationale lorsqu'on le nomma membre du Comité d'artillerie. C'est un homme commun, fils d'ouvrier, ouvrier lui-même, capable de suivre avec autant d'ardeur une mauvaise cause qu'une bonne. Beaucoup de sang, mais peu de jugement; vingt-sept ans et une petite moustache châtain clair.

II

Difficultés qu'éprouvent les citoyens Léon Brin et Poulizac. — Description des buttes Montmartre, des buttes Chaumont et du Parc-Royal. — Comité du XVIIIe arrondissement : Landowski, Noirot, Josselin, Grollard, Besnard et Schneider.

Avant de donner leur démission de membres du Comité d'artillerie des buttes Montmartre, les citoyens Léon Brin, Poulizac et Festh avaient déjà fait exécuter des travaux considérables.

Les 1er, 2 et 3 mars, de nombreux ouvriers piochent sans relâche sur les hauteurs.

Des commandants de la garde nationale, jaloux du pouvoir qui avait été confié à Brin et à Poulizac, cherchent à nuire à ces derniers.

Ils les accusent hautement d'être payés par Vinoy pour centraliser les pièces et les livrer ensuite au moment opportun.

On refuse de leur confier les canons ; quand ils se présentent au nom du peuple pour en obtenir la livraison, on leur répond qu'ils appartiennent à la garde nationale, que celle-ci en a pris possession et que chaque arrondissement doit en avoir un nombre déterminé.

Le temps se passe en pourparlers et en démarches ; ce n'est qu'au bout de trois jours que l'on parvient à installer les premières pièces.

Les buttes Montmartre forment au-dessus de la place Saint-Pierre une proéminence oblongue, de soixante mètres de haut à peu près. Elles présentent sur le flanc un premier plateau naturel de cent à cent cinquante mètres de long sur sept de large, merveilleusement disposé pour recevoir une première batterie, que l'on s'empresse d'y établir.

La plate-forme de la montagne offre l'aspect d'un second plateau rectangulaire.

A droite de la tour Solferino, sur le derrière de la colline, se trouve une autre plate-forme sur laquelle on avait installé, pendant le siége, les canons qui devaient répondre au feu des batteries du Bourget, d'Orgemont et de Saint-Denis.

Sur la gauche, du côté de la rue Lepic, et sur le versant du moulin dit de la Galette, on remarque une autre surface plane aménagée pour douze pièces au moins. Là furent creusées tout de suite trois poudrières et chambres à projectiles blindées, en face de la rue Lepic.

Du côté de la tour Solferino, les marins avaient également construit des casemates, une poudrière et une chambre à projectiles.

Tous ces travaux étaient faits en terre, blindés et à l'abri d'un coup de main.

Comme on le voit, la position présentait aux citoyens Léon Brin et Poulizac des ressources de défense précieuses qui ne leur échappèrent point.

Ils se mettent immédiatement à l'œuvre, et en peu de jours les buttes deviennent une forteresse formidable qui devait en imposer aux Prussiens et à Paris tout entier.

Sur le premier plateau faisant face à la place Saint-Pierre, ils font établir seize pièces, moitié sept, moitié douze.

Sur le même versant, on nivelle, d'après leurs ordres, une plate-forme destinée à recevoir des mitrailleuses qui doivent balayer toutes les rues qui aboutissent à la place Saint-Pierre.

Sur le plateau rectangulaire, qui aboutit d'un côté à la rue des Rosiers et qui domine de l'autre la place Saint-Pierre, on construit de nombreux travaux, plutôt pour cacher la quantité de pièces que l'on possède que pour se défendre. C'est là que furent remisés de soixante à soixante-dix canons et vingt-sept mitrailleuses. Il y avait des gargousses, des étoupilles et des projectiles de toutes sortes en quantités considérables. Les poudrières regorgeaient de poudre.

Dans la rue des Rosiers, au nº 6, sont établis un bureau et des magasins de munitions, cartouches, chassepots, tabatières, étoupilles, etc.

Sur le plateau du moulin de la Galette, répondant au fort du Mont-Valérien, MM. Poulizac et Léon Brin firent mettre de dix-sept à dix-huit pièces en batterie, en se servant des travaux déjà faits par les marins pendant le siége. Des projectiles de toute nature, ainsi que de la poudre et des cartouches de tous calibres, étaient emmagasinés dans une écurie appartenant à une demoiselle Beslay.

Il y avait en tout sur les buttes de cent quinze à cent vingt canons, de la poudre et des munitions en grandes quantités.

Nous nous rappelons encore la stupeur, l'étonnement, l'effroi de Paris, lorsqu'on vit reluire au sommet des buttes, au pied du moulin de la Galette, les premiers canons braqués sur la capitale.

On se rendit bientôt en pèlerinage à la place Saint-Pierre pour voir les canons, car à Paris il faut toujours voir. C'est la première précaution que l'on prend quand on est menacé de quelque danger. Il semble que lorsqu'on a vu on n'ait plus rien à redouter.

Ils sont là, au pied des buttes, de trois à quatre cents gardes nationaux, peut-être plus, appartenant aux 61e et 168e bataillons.

On veille jour et nuit, et on se relève régulièrement d'heure en heure, comme en pleine campagne.

De temps en temps on bat le rappel et on sonne la charge sans trop savoir pourquoi.

Les officiers, le ventre orné de larges ceintures rouges, chaussés de grandes bottes, paradent sur la place, traînant de longs sabres, le cigare ou la pipe aux dents.

Ils regardent les passants d'un air dédaigneux et semblent avoir une haute idée de la mission qu'ils sont appelés à remplir.

Il y a quatre postes principaux : deux sur le flanc de la colline, un troisième sur le plateau et le quatrième au pied, sur la place Saint-Pierre. C'est le plus important.

On bivouaque en plein air auprès des fusils rangés en faisceaux.

Il y a des sentinelles au coin de chaque rue. Une chose à noter, c'est qu'on ne voit souvent comme sentinelles que des gamins de seize ou dix-sept ans, qui prennent leur rôle au sérieux, et qui rudoient terriblement les passants.

Toutes les rues qui débouchent sur la place Saint-Pierre sont à demi-fermées par des barricades composées de gros pavés.

Il règne autour des buttes Montmartre un silençe de mort. Il y a peu de passants. On ne voit absolument que des gardes nationaux qui vont et viennent, le fusil au bras.

Pendant qu'on fortifie ainsi les buttes Montmartre, des orateurs proposent, au club de la salle Pérot, rue de La Chapelle, puis à la salle de la Marseillaise, rue de Flandres, de transformer les buttes Chaumont en place forte pour pouvoir donner la main, en cas de besoin, à Montmartre.

Ce projet est adopté d'emblée.

On demande au citoyen Léon Brin de prendre la direction des travaux. Il s'y refuse. Toutefois, il donne aux ouvriers quelques premières indications orales qui sont ponctuellement suivies, et la besogne commence sous les ordres d'un sous-officier d'artillerie.

On employa à peu près le même système de défense qu'aux buttes Montmartre. La position était presque aussi formidable.

Le Parc-Royal ne présentait pas les mêmes avantages. On se contenta d'y emmagasiner des pièces d'artillerie et des munitions.

C'est là que furent faites les premières sommations.

Le 14 mars, une brigade de gendarmerie se présente et demande, au nom du général commandant la place, la livraison des canons détenus au Parc-Royal.

La garde nationale répond que ces canons lui appartiennent et qu'elle ne les laissera enlever sous aucun prétexte.

Les gendarmes, qui n'avaient sans doute pas d'ordre pour s'en emparer de vive force, se retirent.

A partir de ce moment, les grilles du parc ont été soigneusement fermées, et les pièces qu'il contenait vont prendre, une à une, position sur les buttes Chaumont.

Sur ces entrefaites, ainsi que nous l'avons raconté plus haut, les citoyens Léon Brin et Poulizac, qui avaient à peu près achevé l'armement des buttes Montmartre, donnent leur démission.

Un sous-comité, sous le nom de comité du XVIIIe arrondissement, prend le commandement général de Montmartre. Ce comité se composait des citoyens Landowski, président; Noirot, vice-président; Josselin, qui devint plus tard général des Buttes; Grollard, Besnard et Schneider.

Landowski était un artiste; il en avait la figure: traits fins et délicats, nez aquilin, toute sa barbe, une belle barbe fine et bien soignée. Il était toujours mis avec soin et semblait plus se préoccuper de plaire que de devenir un grand politique. Il était craintif et timide, ce qui ne l'empêchait pas de parler beaucoup, et de menacer de loin de sa colère et le gouvernement et les gens qui le soutenaient. Il avait vingt-huit ans,

Noirot est un tailleur de la rue de Provence,
brun, petit et jaloux; trente-quatre ans.

On s'est demandé longtemps dans le Comité si
le citoyen Grollard savait écrire, et on n'a jamais
pu s'en rendre compte au juste. Il déplorait tout
haut lui-même son manque d'éducation, et trouvait que l'instruction de ses collègues était de la
suffisance. Il les traitait d'insurgés, et se croyait
le seul vrai républicain et le seul vrai socialiste.
Au fond il était peut-être le plus honnête de tous.
Grollard a quarante-cinq ans.

Josselin ressemble quelque peu à Rabelais. Il
est court et ventru; il est jovial, ce qui ne l'empêche pas d'avoir un amour effréné pour le galon et de se montrer jaloux de ceux qui en portent plus que lui. Il n'a pas d'instruction, et il
espérait devenir sous-lieutenant; on le fit général, parce qu'il faisait partie du premier Comité
central installé rue de la Corderie, 6. Josselin a
quarante-deux ans.

Besnard est un homme insignifiant qui s'est
laissé entraîner.

Schneider a trente ans. Il porte la moustache
et il a le dos rond. Une de ses manies est de vou-
loir être gouverné uniquement par des gens qui
ont été condamnés pour insultes faites au gouvernement. Il prétend que ces hommes, qui ont
souffert, sont plus capables que d'autres de conduire la République.

Nous avons entendu souvent le citoyen Schneider débiter sur ce sujet les utopies les plus insen-
sées et les plus saugrenues. Au fond, grossier et
ignorant.

III

Le n° 6 de la rue de la Corderie. — Le Comité central, membres qui le composaient. — Persécutions. — Portraits de Courty, Pindy, Viard, Varlin, Jourde, Maljournal, Castioni, Prudhomme, Dr Decamp, général Du Bisson, Faltot, Eudes, Bergeret, Clovis Dupont, Duval, Gaudhier, Moreau, Lavalette, Audoinot, Lacord, Gouhier, Tony-Moilin, Arnold, Arnault, Piazza, Parisel, Babick, Henri Fortuné, Chouteau, Fabre, Ferrat, Rousseau, Assi, Bouit, Barroult, Lullier, Lisbonne, Mortier, Billioray.

Le sous-comité de Montmartre obéissait naturellement au Comité central, dont le siége était situé au n° 6 de la rue de la Corderie. Nous donnons plus loin le nom et la physionomie des membres qui le composaient à cette époque.

Le Comité subit une première transformation après les événements du 18 mars ; des noms y furent ajoutés, d'autres en furent retranchés. Il y eut encore quelques changements vers la fin du règne de la Commune. Nous parlerons de ces mutations en temps et lieu.

Une chose à noter tout d'abord, c'est que les

individus les plus insignifiants qui composaient le Comité arrivèrent aux plus grands honneurs, tandis que les hommes de talent et de valeur que l'on y rencontrait restèrent modestement dans l'ombre. Ils agissaient et se montraient peu, tandis que les autres, dévorés d'un sot orgueil, passaient leur temps à ourdir des intrigues et à solliciter des emplois et des galons. Ainsi, les citoyens Eudes, Bergeret, Duval et Fortuné, qui obtinrent tous, dès le commencement, le grade de général, étaient considérés, non sans raison, comme les plus incapables et les plus nuls.

Au n° 6 de la rue de la Corderie, on remarque une vieille maison dont les murs crevassés et jaunes semblent prêts à crouler au premier choc. Elle fait face à la rue qui aboutit au marché du Temple.

Au rez-de-chaussée, à l'entrée, une loge poudreuse de laquelle s'échappe une odeur âcre et fétide. Les cloisons sont sales ; la poussière rend presque opaques les vitres des portes.

Quand on a dépassé la loge, on enfile un petit escalier étroit et obscur. On monte jusqu'au troisième. On traverse un couloir plus étroit et plus sombre encore que l'escalier, et la seconde porte à droite vous donne accès dans une salle basse où se sont tenues longtemps les séances de l'Internationale.

Dans le fond de cette salle on aperçoit une grande table construite de la façon la plus simple et la plus primitive; quelques planches en sapin presque brut, posées sur deux tréteaux, hissés sur une estrade que l'on ne prenait pas la peine de balayer une fois tous les six mois. Pour siéges, des bancs et quelques restes de chaises. En un mot, c'était l'ostentation de l'austérité. On semblait se plaire dans la saleté et la poussière. La plupart des séances se tenaient au milieu d'un tumulte et d'un brouhaha indescriptibles. On allait et on venait, en causant et en fumant, avec moins de sans-gêne peut-être que sur les boulevards.

Sur la gauche, au fond du même couloir, on aperçoit, sur une affiche en papier, collée derrière la vitre de la porte, ces mots : « Comité central. — Entrée. »

La première pièce est un petit cabinet entouré de bancs étroits et grossiers, des plus incommodes. Là, le secrétaire du Comité, installé devant une table en sapin, moins que luxueuse, reçoit les nombreux solliciteurs qui se présentent. C'est là aussi qu'attendent leur nomination ceux qui ont demandé à être reçus membres des sous-comités d'arrondissement. S'ils sont admis, on leur délivre une carte rose qui coûte cinq francs, prix de la cote que doit payer chaque mois tout membre du Comité central. Ainsi, à cette époque, loin de dépouiller les bataillons de la garde nationale, comme on les en accusait, les chefs fédérés subvenaient encore à leurs besoins. Malheureusement, il n'en fut pas toujours ainsi.

Derrière le petit cabinet que nous venons de décrire, se trouve la grande salle du Comité. Au milieu de cette salle, dont le plafond est très-peu élevé, est une grande salle ovale, entourée de bancs.

C'est là que venaient siéger les citoyens dont il sera question tout-à-l'heure. On s'occupait principalement de la réorganisation de la garde nationale, mais on se promettait bien, une fois ce rêve réalisé, de faire au gouvernement une opposition sérieuse, si la République se trouvait menacée le moins du monde.

Dans le cas probable où viendrait à éclater une explosion révolutionnaire, on procéda à la nomination d'une commission militaire chargée de prendre toutes les mesures nécessaires.

Les généraux Du Bisson, Eudes, Bergeret, et les citoyens Piazza, Faltot, Boursier et Pindy furent invités à faire partie de cette commission, ce qu'ils acceptèrent.

La première décision de cette commission fut celle-ci : s'emparer immédiatement, par un coup de main hardi, de tous les généraux, ministres, financiers et banquiers qui compromettaient la République, les emprisonner et ne les relâcher qu'après avoir obtenu d'eux des garanties solides.

Le 18 mars fit avorter ce plan ; on n'eut pas le temps de le mettre à exécution.

Le gouvernement, quoique aveugle, commençait à avoir quelque vent de ce qui se passait.

Le soir du 12 mars, à la suite d'une délibération de la commission de la guerre, deux ou trois individus entrent tout effarés dans la salle des séances. Ils disent qu'ils ont des renseignements exacts de la Préfecture de police, et ils annoncent qu'un peloton de gendarmes est -à leur poursuite.

Cette nouvelle cause un grand émoi ; on souffle les lumières et on sort silencieusement de la maison de la rue de la Corderie.

Dans la même nuit, le Comité central transporta son siége aux buttes Montmartre. Il émigra le lendemain rue Basfroi, où il resta quelques jours, et il revint ensuite rue de la Corderie, où il continua à se réunir jusqu'à ce qu'il lui fut donné, honneur suprême ! de tenir ses séances dans l'Hôtel-de-Ville.

Avant de raconter la part qu'a prise le Comité aux événements du 18 mars, nous allons passer succinctement et impartialement en revue chacun des membres qui le composaient.

La plupart d'entre eux étaient d'odieux gredins, ignorants, ambitieux, orgueilleux, capables de tout lorsqu'il s'agissait de satisfaire leur sotte vanité ; néanmoins il se trouvait dans le nombre quelques républicains honnêtes et convaincus qui s'étaient laissé entraîner et qui croyaient travailler pour la République. D'ailleurs, il y a une grande distinction à faire entre les gens du Comité et ceux de la Commune, avec lesquels les premiers ont toujours été en discussion. Les membres du Comité ont commis une grande faute, c'est de se présenter pour être élus à la Commune.

Les deux pouvoirs, se trouvant mêlés et confondus, le Comité perdit son influence, et, au lieu de tenir la tête de la Révolution, il fut obligé de suivre la Commune à la remorque.

S'il avait pu imposer sa volonté, il est probable que nous n'aurions pas eu à déplorer tous les désastres qui nous affligent.

Un des premiers membres du Comité central fut le nommé Courty, marchand de couleurs, demeurant rue du Temple, âgé de trente-huit ans. La principale spécialité de cet homme était une haine inexprimable pour M. Ernest Picard. Il en parlait à toute occasion, au grand ennui de ses collègues. Il est vrai qu'il lui était difficile de parler d'autre chose. Il ignorait même ce que signifiait le mot : républicain. Il était du Comité central, il était socialiste, pour n'être pas absolument marchand de couleurs. L'ineptie personnifiée.

Le menuisier Pindy, demeurant également

rue du Temple, pouvait donner la main à son collègue. Pour le bonheur de la République, il n'aurait jamais dû sortir de ses copeaux. Trente-six ans, petite moustache blonde, relevée, l'œil vif. Sans courage, n'entendant rien à la politique, mais aimant le galon par dessus toutes choses. Après le 18 mars, nommé colonel, élu gouverneur de l'Hôtel-de-Ville, le citoyen Pindy passa son temps à faire arrêter à tort et à travers les gens qui lui déplaisaient, sans raison et sans cause. Ce faisant, il croyait remplir surabondamment son devoir de bon républicain.

Pindy avait encore un autre travers. Il détestait les galons et les aiguillettes..... sur l'épaule des autres et demandait à toute occasion qu'on les supprimât. Quant à lui, il s'en chargeait littéralement et ne quittait jamais, même au lit, l'écharpe rouge de la Commune, qu'il portait de l'épaule à la hanche. Une fois sur les fauteuils de l'Hôtel-de-Ville, il devint inabordable, même pour ses collègues. Il portait constamment son képi sur l'oreille, ancienne habitude qu'il avait contractée sans doute avec la casquette crasseuse du *pot à colle.*

Représentez-vous un grand *voyou* de quarante ans, débraillé, décolleté, déhanché, qui gesticule et qui *gueule* sans cesse, à la tête frisée, au cou allongé, aux yeux clairs, presque vitreux, barbe inculte : c'est le citoyen VIARD, qui fut délégué plus tard à l'agriculture. Pour lui, la République c'était la Commune, — parce que la Commune siégeait à Paris; tout ce qui était hors de Paris était ennemi de la République. En parlant des Versaillais, il disait souvent, avec le sans-gêne qui le caractérisait : « Jamais ces *ânes-là* n'oseront venir à l'Hôtel-de-Ville nous *embêter.* »

Pauvre Viard ! il ne prévoyait guère l'avenir.

VARLIN. — Avant d'être délégué aux finances, Varlin avait été relieur. C'était un républicain socialiste enragé, ayant horreur du patron jusqu'au moment où il le serait lui-même. Néanmoins, l'ex-relieur était instruit, réfléchi, calme et froid. C'était le plus digne du Comité central de s'asseoir sur les fauteuils du ministère des finances. Varlin a trouvé la mort sur une barricade ; bouquiniste par excellence, il passait tout son temps, même pendant sa délégation, à lire et à s'instruire.

Il avait trente-quatre ans, une longue barbe noire et des yeux noirs. Chose singulière ! le travail avait rendu ses cheveux blancs. Physionomie intelligente.

JOURDE. — Un Auvergnat, coiffé d'un chapeau d'Auvergnat, avec des cheveux longs mal peignés, des habits plus que négligés; sans soin, sans intelligence et entêté comme un mulet.

MALJOURNAL. — Celui-là était un homme de cœur, un républicain honnête et convaincu,

droit et loyal; la figure franche et agréable, l'œil
plein de feu. C'était le secrétaire du Comité central, rue de la Corderie. Vingt-huit ans au plus.

Avec quelle ardeur et quelle énergie cet
homme combattait pour les principes républicains ! Quel bon sens ! quelle vérité dans tous
ses discours ! Aussi ce fut lui qui paya le premier
la dette. A la première affaire contre les Versaill-
lais, il reçut une blessure grave dans le bas de la
jambe droite.

Il fut soigné à l'ambulance de la Société
internationale, aux Champs-Élysées, par le docteur Chenu et les grandes dames qui s'y trouvaient chargées du soin des blessés. Il était
l'objet d'attentions spéciales de leur part. Plus
tard il prit avec énergie leur défense, lors de la
publication de cette circulaire infâme et abjecte,
signée docteur Roussel, pleine d'odieuses ca-
lomnies contre ces infirmières distinguées. C'est
aux Champs-Élysées que Maljournal fut fait prisonnier, avec le général Okolowisch, blessé également.

CASTIONI. — Du salpêtre, et rien de plus ; prenant feu à toute occasion, éclatant à droite et à
gauche ; capable de détruire un palais comme
une mansarde, de faire le bien comme le mal
avec la même impétuosité; aimant plutôt le commandement et le combat que la République;
néanmoins rouge exalté et Piémontais. Mal mis

d'ordinaire, comme un Piémontais, avec un large chapeau de feutre tyrolien, presque crasseux; trente-huit ans, brun, les yeux ardents.

PRUD'HOMME. — Ouvrier de cinquante ans, ignorant, mais calme, résigné, plein de bon sens. L'enclume sur laquelle frappèrent plus tard les marteaux de la Commune.

Dr DECAMP. — Une belle tête de docteur; figure très-agréable, physionomie ouverte; des yeux bleus très-fins; une solide instruction.

Le docteur Decamp passait son temps à déplorer le manque de connaissances et de jugement de la plupart de ses collègues; aussi avait-il beaucoup d'ennemis qui ne lui pardonnaient pas sa supériorité.

Général DU BISSON. — C'était un homme de cinquante-huit ans, courageux, plein de résolution et de sang-froid, ne sourcillant pas dans les circonstances les plus critiques. Supérieur, dans sa tenue, ses manières, ses sentiments à tous ses collègues, il fut l'objet d'une suspicion continuelle pendant le temps de sa présence au Comité central. A tort ou à raison, il avait la réputation d'être légitimiste. Figure osseuse, très-mâle, très-expressive, teint basané. Il portait la moustache et la mouche, et avait des cheveux blancs.

FALTOT. — Un vrai soldat républicain, plein de vivacité et de courage, œil vif et parole brève, ne s'occupant que de combattre et combattant pour la République, avec une abnégation telle qu'il se faisait toujours accompagner de ses deux fils, jeunes gens courageux et bien élevés. Ces trois soldats vivaient ensemble, isolés des autres, car ils n'avaient point d'amis, ne partageant pas les idées absurdes de la plupart de leurs camarades. Faltot a quarante-cinq ans, mais il commence à grisonner.

EUDES. — Ex-employé de commerce, trente ans, l'expérience d'un *calicot* qui n'a jamais quitté son comptoir, mais bien mis et presque élégant; imprudent et bravache. Assez joli garçon, menton anguleux, yeux ronds et vifs, front ouvert et dégagé, parole saccadée, serrant la mâchoire en parlant.

Nommé général après le 18 mars, Eudes a conduit, en compagnie de Bergeret et de Flourens, la fameuse expédition qui avait pour but de s'emparer à la baïonnette du Mont-Valérien.

BERGERET. — Ce général de la Commune, ignorant et sot, était, comme son collègue Eudes, un employé de commerce, mais il avait été sergent-major et avait fait trois ans d'Afrique.

Ne sachant pas monter à cheval, il allait d'ordinaire au combat en voiture. A l'affaire du Mont-Valérien, les deux chevaux de sa berline furent tués par les boulets.

Bergeret avait trente-huit ans, une barbichel clair-semée, le nez pointu, le teint basané, l'œi froid et plat, la tête chauve. Il était toujours richement vêtu, mais la toilette lui allait mal.

Il avait un goût prononcé pour les arrestations; aussi en a-t-il goûté lui-même.

Quelques heures à peine après sa sortie de prison, on lui parlait de quelqu'un dont on avait eu à se plaindre. Il répondit aussitôt :

« Oh! je sais! je sais! j'ai donné l'ordre de l'arrêter! »

Il était de ceux qui auraient été enchantés de l'arrestation en masse de toute la Commune.

BOURSIER. — Encore un honnête homme fourvoyé; trente-six ans, physionomie agréable, teint un peu basané, beaux yeux, cheveux et barbe noirs, parole douce. Doué d'une énergie qui ne reculait devant rien, Boursier combattait énergiquement l'ignorance déplorable de son entourage, mais la plupart du temps sans résultat. Il prit plus tard le commandement d'une légion. Un véritable talent d'organisateur.

CLOVIS DUPONT. — On l'avait surnommé l'Homme aux longs cheveux. Figure anguleuse, mais douce, type ingrat et cœur excellent. Dupont fit des efforts incroyables pour s'opposer aux exactions et aux extravagances de la Commune. Il avait quarante-deux ans, et ne demandait qu'à sacrifier sa vie pour la République. Il aurait pu mieux mourir que dans les rangs de la Commune.

DUVAL. — On a eu le temps à peine de le connaître. Fait prisonnier dans la première expédition contre les troupes de Versailles, il fut fusillé et mourut en même temps que Flourens. Il avait trente ans, était toujours élégamment mis et aimait beaucoup les superfluités. Il s'était fait nommer général pour en porter le costume. Sous-chef de claque au théâtre Beaumarchais.

GAUDIER.—C'était un discoureur, mais un discoureur d'une espèce singulière. Il ne parvenait jamais à convaincre personne et se rendait toujours aux raisons des autres. Il avait une confiance absolue dans le savoir qu'étalaient complaisamment quelques-uns des membres de la Commune. Au fond, il était honnête, mais faible et mou. Trente-sept ans, figure grêlée, moustache et cheveux blonds grisonnants.

MOREAU. — Ses collègues l'appelaient l'Aristocrate. Il méritait ce surnom. Moreau avait beaucoup de distinction, comparé à ses camarades. Une tête intelligente, de petites mains, des cheveux longs, toute sa barbe, teint un peu basané, quoique presque blond, à peine vingt-sept ans. C'est à lui que fut confiée pendant longtemps la rédaction du Comité central. Il proposa à plusieurs reprises l'arrestation en masse de la Commune; il se donna beaucoup de mal, beaucoup de peine pour arriver à un bon résultat, mais il eut la douleur de voir ses efforts demeurer inutiles. Moreau était homme de lettres.

LAVALETTE. — Une brute. Toujours déhanché, d'une taille gigantesque, disant lui-même bien haut qu'il n'entendait rien à la République et demeurant bouche béante devant toutes les explications qu'on pouvait lui donner. Il interrompait les séances pour les motifs les plus futiles. Il avait une voix de rogomme qui remplissait la salle. Pas plus de réflexion qu'un enfant, capable de toutes les extravagances et de toutes les folies.

AUDOINEAU. — Comme Lavalette, Audoineau était ouvrier; il exerçait, avant d'être membre du Comité, le métier de tourneur en bois. La barbe rousse, les cheveux roux, laid et ignorant, mal vêtu, mal peigné, sans jugement, ne voulant s'occuper que d'une question : la fédération de la garde nationale. C'est de cette fédération que dépendait, selon lui, l'avenir du pays. Santé délébile, empestant ses collègues avec une odeur de camphre qui ne le quittait jamais.

LACORD. — C'était un des types les plus curieux du Comité central. Ancien cuisinier, il *posait* pour l'homme de lettres. Il était doué, d'ailleurs, d'une facilité d'improvisation extraordinaire. C'est à sa plume qu'on doit en grande partie les affiches dont le pouvoir issu de la rue de la Corderie a si prodigalement tapissé nos murailles. Il se disait républicain radical révolution-

naire. Il haïssait mortellement les membres de la
Commune, qu'il traitait volontiers de « cochons »
et de « misérables ». Il voulait tous les « paumer».
Ce sont ses expressions. Il a demandé à plusieurs
reprises leur arrestation. Lacord ne manquait
point d'esprit et déridait souvent les membres du
Comité par ses saillies. Tête assez intelligente,
menton avancé, brun, toute sa barbe, petit et un
peu voûté.

GOUHIER. — Si Lacord *posait* pour l'homme de
lettres, Gouhier, lui, *posait* pour le tyran et le
despote. Il mettait tout le monde en suspicion et
se drapait dans son importance. Ignorant, il
était surtout impitoyable pour les gens plus ins-
truits que lui. Il portait toute sa barbe, une barbe
d'une couleur roux foncé, et avait à l'œil droit
une tache de vin qui descendait jusqu'au nez. Il
passait ses journées à *culotter* des pipes. L'air d'un
cocher, et d'un cocher de mauvaise maison.

TONY-MOILIN. — Le maire du VIe arrondissement avait trente-sept ans à peu près, des cheveux châtain clair, une figure maigre ornée d'une
moustache, une voix douee, un teint jaunâtre, en
somme, une physionomie distinguée. Il ne manquait pas d'instruction et avait la parole facile.
Ses idées républicaines n'étaient pas exagérées
comme celles de ses collègues. Il disait souvent,
en parlant de la Commune : « C'est une *pétau-
dière infecte* », et regrettait beaucoup d'avoir été

appelé à en faire partie; aussi y avait-il peu d'amis. En revanche, le Comité central l'estimait beaucoup.

ARNOLD. — Arnold avait trente ans, une figure distinguée et une ambition démesurée. Il portait la moustache, et, dans sa chevelure presque noire, on apercevait quelques fils blancs. Il avait constamment un binocle. C'était, dans le commerce ordinaire de la vie, un esprit mesquin et étroit.

Voici une anecdote qui peint l'homme :

La moitié de Paris était prise; on allait commencer à attaquer l'Hôtel-de-Ville. Un fournisseur entre dans l'Hôtel, accompagnant une voiture à bras chargée de revolvers pour les gardes de la Commune.

Arnold demande combien on veut vendre ces armes.

— 90 francs, répond le fournisseur.

— C'est de 10 francs trop cher, dit Arnold; et il fait remporter les revolvers.

On commençait déjà à entendre le canon qui grondait autour de la place.

ARNAULT. — Quarante-deux à quarante-cinq ans, toute sa barbe, moitié noire, moitié blanche; peu instruit, mais calme, réfléchi et ne manquant pas de bon sens. Il obéissait assez volontiers aux hommes qu'il croyait supérieurs à lui.

PIAZZA. — C'était peut-être l'homme le plus capable de commander les armées de la Com-

mune. Tacticien habile, il connaissait à fond
l'artillerie, mais comme il avait la modestie de se
tenir à l'écart, on a commis la sottise de l'oublier.
D'ailleurs, il était peu favorable à la Commune,
composée, disait-il, d'éléments déplorables. Figure
très-énergique, moustache grise relevée à la façon de Canrobert.

PARISEL. — Le docteur Parisel avait su se faire
une réputation d'homme de science. Il ne passait
pas de jour sans faire à l'Hôtel-de-Ville quelques
cours scientifiques. Il choisissait d'ordinaire pour
auditoire les gens les plus ignorants et les plus
sots, qu'il éblouissait par sa nomenclature de termes techniques et ses phrases prétentieuses.

Il prétendait travailler beaucoup. Il s'occupait
des expériences chimiques qui devaient amener
plus tard un si beau résultat. Toujours en voiture, il parcourait chaque jour tous les quartiers
de Paris. Cheveux blonds, barbe blonde, figure
assez agréable.

BABICK. — Avant d'être membre du Comité
central, Babick avait été emballeur dans la maison Raspail, rue du Temple. C'est le contact des
fioles de son patron qui lui avait donné sans doute
une si forte couche de républicanisme.

Babick était jaloux de son patron, de tous les
patrons d'ailleurs; il prétendait qu'un patron ne
pouvait pas représenter la France, parce que les
ouvriers étant les plus nombreux, devaient né-

cessairement avoir la priorité. Les corporations les plus étendues, celles des maçons et des emballeurs, par exemple, avaient droit à tous les priviléges. Pendant les séances, Babick se livrait avec ses voisins à des plaisanteries grossières qui lui faisaient souvent imposer silence. Il n'a jamais servi d'autre façon la cause de la République et de la Commune. Il avait quarante-cinq ans et portait une longue barbe grise mal plantée. Figure ignoble. Fut délégué à la justice avec Protot.

HENRI FORTUNÉ. — Henri Fortuné, ou Fortuné Henri, à volonté, était très-populaire parmi sa bande ; il résumait en lui les vices de tous les autres. Gourmand, voleur, cupide, cruel, injuste, il se laissait aller à tous les désordres et il aurait commis tous les crimes.

Il avait fait son apprentissage dans une maison de tolérance de la banlieue. Malgré cela il jouait les pères nobles. Il était prétentieux et vantard.

Dès les premiers jours de l'installation du Comité central à l'Hôtel-de-Ville, Henri Fortuné parvint par ses intrigues à faire nommer premier intendant un jeune homme de ses amis qui disparut huit jours après en emportant la caisse.

On demande un honnête homme pour le remplacer. Personne ne se présente.

Sur ces entrefaites, on envoie vers le Comité central un jeune homme de bonne famille, intelligent et honnête, nommé Ferdinand Cabin. Le Comité le fit intendant de l'Hôtel-de-Ville. Tout était dans un désordre inexprimable. Il fallut huit jours d'un labeur ardu pour débrouiller un peu les affaires de l'intendance.

Cabin y était à peine parvenu, que Fortuné Henri, dont il gênait les vols et les gaspillages, le fait arrêter et se fait nommer intendant à sa place. Il s'empare de toutes les fournitures et spécule d'une façon indigne sur les abattoirs, les grains et le vin. Pendant sa gérance, Fortuné Henri a dû faire des détournements considérables. Il avait quarante-six ans et portait toute sa barbe, qui était blanche déjà. Il avait été fait général avant le 18 mars et on lui avait donné le commandement général des buttes Montmartre. On s'est toujours demandé ce qui avait fait sa popularité. De méchantes langues disaient que c'était son passé.

CHOUTEAU. — N'avait qu'une ambition : être nommé capitaine et monter à cheval. Il fut promptement satisfait et ne s'occupa plus qu'à détester eordialement la Commune, qu'il ne pouvait pas sentir. C'était un bon enfant, mais parfaitement nul et inutile. Il avait de trente-sept à trente-huit ans, de beaux cheveux blancs et noirs, toute sa barbe et la physionomie presque distinguée.

FABRE. — Fabre fut délégué, dès son entrée à l'Hôtel-de-Ville, à l'armement et à l'équipement

militaires. Il ressemblait à un ancien chasseur
d'Afrique, moins le teint bronzé. Ancien employé de commerce de second ordre, il était jaloux et soupçonneux et détestait les gens qui lui
étaient supérieurs. Il avait la manie de se cha-
marrer de galons et de ceintures de toutes couleurs et avait toujours l'air plutôt d'un homme
déguisé que d'un militaire. Il avait trente-cinq
ans et était un peu voûté.

FERRAT. — Un ivrogne de quarante ans, débraillé et méchant. Ferrat coulait son existence
dans les réfectoires de l'Hôtel-de-Ville au milieu
des garçons de salle, qu'il insultait et avec lesquels il se disputait souvent, lorsqu'il était ivre.
Tenue et mœurs ignobles. C'était un joli représentant de la municipalité parisienne!

ROUSSEAU. — Espèce de géant de cinquante
ans, à longs cheveux, cendrés par derrière, au
sommet du crâne dénudé, à figure grêlée. Un
des ennemis acharnés de la Commune, mais
manquant de l'énergie nécessaire pour mettre
ses menaces à exécution.

ASSI. — C'était, sans contredit, le plus épouvantable des monstres que la Commune ait
portés dans son flanc. Assi était féroce; il aimait
le sang et le meurtre. Il avait toujours un poignard ouvert à côté de lui. Il n'aurait reculé devant aucun crime. Il se tenait d'habitude sur les
fauteuils de l'Hôtel-de-Ville comme un ouvrier

froidement ivre, abruti par l'habitude de l'absin-
the. Nous raconterons longuement plus tard ses
hauts faits. Figure anguleuse, yeux ternes, petites lèvres plissées, constamment sales, cheveux
blonds et rares sur le sommet du crâne, moustache et barbiche en fer à cheval, portant très-mal
l'uniforme; une trentaine d'années.

CASIMIR BOUIT. — Ex-rédacteur de *la Patrie en
danger*, de Blanqui. Intelligent et ennemi juré de
la Commune, qu'il traitait de fille *affolée*. Trente-
huit ans; cheveux et barbe presque rouges, de
grands yeux, taille moyenne, une santé délicate.

BARROULT. — Barroult était un ouvrier plein
de bon sens, mais sans instruction et sans ambition. Il avait une figure osseuse, une longue
barbe noire, semée de quelques poils blancs.
L'ensemble de sa physionomie était assez agréable.

LULLIER. — Le Comité central nomma Lullier
général dès les premiers jours de son installation
à l'Hôtel-de-Ville. Considérant, sans doute, qu'il
était de son devoir de fêter cette nomination,
Lullier s'enivra chaque jour et n'eut pas un moment de bon sens tant qu'il fut en fonction. Dès
le quatrième jour de son généralat, il osa menacer d'arrestation et de mort les membres du Comité qui le firent lui-même emprisonner et lui
enlevèrent ses galons. Il se plaignit hautement,

dans *le Mot d'ordre*, de cette façon de procéder,
et déclara que les troupes de terre et de Seine de
la Commune étaient si mal commandées qu'elles
ne pouvaient manquer d'être vaincues. Relâché
au bout d'une quinzaine de jours, il passa son
temps à errer de café en café, briguant de nouveaux honneurs qu'il feignait de dédaigner. Lullier a trente-cinq ans à peu près, une assez jolie
figure, une petite moustache blonde, des cheveux
châtain foncé. Il est d'un naturel emporté, bi-
lieux et méchant. Dès qu'on lui dit un mot qui
lui déplaît, il dresse la tête et vous fixe comme
un serpent sur la queue duquel on aurait marché.

LISBONNE. — Ce fonctionnaire de la Commune,
qui était petit, sans barbe, qui portait des cheveux coupés ras, qui était doué d'une forte car-
rure, qui aimait les poses et les gestes dramati-
ques, qui criait sans cesse, aussi débraillé dans
les mœurs que dans la tenue, avait assez l'air
d'un acteur des Batignolles ou des Nouveautés.

C'était le confident et le premier aide de camp
du général Cluseret.

On les voyait souvent passer dans les rues
l'un suivant l'autre, Cluseret en bourgeois mal
vêtu et mal peigné, Lisbonne en garde national,
sa capote grise constamment ouverte, laissant
voir un tricot en laine, couleur chocolat, qui le
faisait prendre pour un ex-garçon boucher.

MORTIER. — Un homme de trente ans, au

teint brun, aux cheveux noirs et longs, à la moustache naissante, le visage rempli de taches de rousseur. Mortier avait été ouvrier ciseleur. Son instruction était plus que négligée, mais il affectait de parler en homme de science; audacieux et ambitieux, sans expérience.

BILLIORAY. — Quelques journaux ont fait longtemps croire au public que Billioray était un joueur de vielle que nous avions souvent entendu dans nos rues. C'était une erreur. Billioray était peintre, mais mauvais peintre. Il habitait Montmartre. C'était un bohême irrégulier et sans talent. Il portait une longue barbe blonde, mal soignée et de longs cheveux mal peignés; il avait le teint clair, des yeux bleus sans expression, la parole douce et prétentieuse, la démarche efféminée. Une bonne table et une belle maîtresse, tel était l'idéal politique de Billioray.

Voilà ce qu'étaient les hommes qui ont fait le 18 mars, nous ont amené la Commune et avec elle tous les maux, tous les crimes, tous les désastres dont nous avons souffert pendant deux mois. C'était la démocratie, et la plus basse, la plus vile, qui se vengeait, par une épouvantable orgie de meurtres et de vols, des dédains et des jouissances de la bourgeoisie.

IV

Première sommation pacifique du général Vinoy. — Deuxième
sommation en armes. — Le matin du 18 mars. — Arrestation du général Lecomte. — Arrestation du général Clément Thomas. — Chicandard. — Assassinat des deux généraux. — Le poste de la rue des Rosiers.

Après la démission des citoyens Léon Brin,
Poulizac et Festh, le Comité du XVIIIᵉ arrondissement décida qu'il garderait la position des buttes Montmartre pour faire échec au gouvernement, si celui-ci ne lui donnait pas des garanties
sérieuses de républicanisme.

Une première sommation est faite à la municipalité de Montmartre, composée des citoyens Clé-
menceau, Jaclard, Lafond et Dereure. Les trois
premiers sont d'avis d'obéir au gouvernement,
mais Dereure se rend au Comité central et déclare
qu'il ne consentira jamais à laisser désarmer la
garde nationale dans des circonstances aussi graves. Il propose de répondre par un refus à la
sommation de Vinoy. Son conseil est suivi, et on

envoie dire à l'état-major qu'on ne laissera enlever l'artillerie que de vive force.

Le Comité du XVIIIe arrondissement croyait, d'ailleurs, très-fermement que le gouvernement n'oserait jamais attaquer les buttes Montmartre.

Néanmoins, le lendemain, 18 mars, à quatre heures et demie du matin, plusieurs détachements de troupes de ligne et de chasseurs viennent cerner les buttes.

Des agents de police et des gendarmes se présentent au poste de la rue des Rosiers et demandent la remise immédiate des pièces de canon.

Les gardes nationaux, qui étaient en très-petit nombre et qui s'attendaient à toute autre chose qu'à une attaque, font bonne contenance. Ils répondent qu'ils se feront hacher s'il le faut, mais qu'ils ne laisseront pas enlever leur artillerie.

On échange quelques coups de feu, puis chacun reste dans ses positions respectives pendant près de deux heures qui se passent en pourparlers.

Pendant ce temps, le rappel bat dans toutes les rues, emporté, frénétique.

Les gardes nationaux sortent sur les portes, à demi-équipés, et se rendent au lieu de réunion de leurs compagnies.

Le boulevard de Clichy, le boulevard de Rochechouart, la rue de Clignancourt sont militairement occupés.

A l'entrée de chaque rue donnant sur la place Saint-Pierre, rue Lepic, rue Houdon, rue Germain-Pilon, rue des Martyrs, rue Virginie, etc., sont braqués des canons ou des mitrailleuses.

Un hussard à cheval veille auprès de chaque pièce. Les artilleurs sont nonchalamment assis sur leurs affûts.

Aux fenêtres des maisons, tout le long des boulevards et des rues qui longent la place Saint-Pierre, on aperçoit des têtes de femmes effrayées.

Des cochers, rassemblés à la porte d'un marchand de vins, insultent les soldats et le général qui les commande, qu'ils appellent « Faiseur de retraite. »

Vers huit heures à peu près, la situation se détend. Dans la rue des Rosiers, un gendarme a l'œil enlevé par une bouteille qu'une femme vient de lui lancer à la figure.

Le général Lecomte commande le feu à trois reprises différentes.

La troupe murmure et refuse de tirer sur la garde nationale. Dans un élan spontané, fédérés et soldats lèvent la crosse en l'air.

Ce fut un moment indescriptible.

Les gardes nationaux, les soldats, les curieux, hommes et femmes, s'enlacent et s'embrassent en pleurant et en criant : « Vive la République ! »

On arrête immédiatement le général Lecomte et son capitaine d'état-major, mais on ne tarde pas à relâcher ce dernier. Le général est conduit au Château-Rouge, bal public situé en haut de la chaussée Clignancourt.

Les gardes nationaux invitent les soldats à déjeuner et les emmènent boire en attendant chez les marchands de vins.

Pendant ce temps, quelques coups de fusil étaient échangés sur la place Pigalle entre un détachement de gendarmes, de chasseurs et un bataillon de gardes nationaux. Un capitaine de chasseurs tombait mortellement frappé et la foule se disputait les lambeaux de son cheval. Ce fut la seule tentative de résistance de la troupe régulière.

Les gardes nationaux étaient maîtres de la place.

Vers quatre heures du soir, on signale autour des buttes Montmartre, au milieu d'un groupe de curieux, le général Clément Thomas, vêtu d'habits civils.

Les fédérés l'entourent immédiatement, s'emparent de lui et le conduisent au n° 6 de la rue des Rosiers où l'on amène également le général Lecomte.

Des cris de mort se font entendre. La foule vocifère. Un boulanger, capitaine de la garde nationale, nommé Chicandard, essaie de l'apaiser et demande la mise en liberté des deux généraux. On l'insulte et on parle de le fusiller. Vingt fusils le menacent. Chicandard se recule de quelques pas et présente fièrement sa poitrine. On n'ose pas le frapper, mais il est entraîné par la populace, qui déborde de tous côtés et dont les clameurs deviennent de plus en plus menaçantes.

Il sort du poste, couvert de sueur, joignant les mains et suppliant la foule de s'opposer à l'attentat qui va se commettre.

Il a fait à peine deux cents mètres que plusieurs détonations retentissent.

Il retourne sur ses pas et tente de pénétrer dans le poste.

« Il est trop tard! » lui crie quelqu'un.

Le malheureux capitaine s'arrête et se laisse tomber presque évanoui au pied d'un mur.

Quand le général Clément Thomas entra dans la maison de la rue des Rosiers, il devint pâle. Il pressentait sa destinée et il comprenait aux cris de mort que l'on poussait autour de lui, qu'il n'avait aucune pitié à attendre de ses bourreaux.

Contrairement à ce qui a été dit dans plusieurs journaux, il n'y eut pas de tribunal ni de conseil de guerre institué dans le poste. Il n'y eut pas de juges. La mort des généraux Clément Thomas et Lecomte est un assassinat commis froidement par les soldats et les gardes nationaux pour obéir aux instincts féroces de la foule.

On se contenta de reprocher à Clément Thomas la manière dont il avait agi en 48. Il dédaigna de répondre aux observations qui lui furent faites.

Quant à Lecomte, on le traita de la façon la plus ignominieuse pour avoir commandé le feu le matin.

Puis on s'adressa à la foule, qui n'avait rien entendu, et on lui demanda si les deux coupables méritaient la mort.

Elle répondit par des vociférations et des cris de rage. Ces formalités demandèrent à peine cinq minutes.

On emmène les deux généraux dans un petit jardin situé derrière la maison dont nous avons parlé.

Clément Thomas marche le premier. Il se découvre, et, tenant son chapeau de la main droite, il présente fièrement et noblement sa poitrine aux balles de ses assassins.

Il est frappé en plusieurs endroits, mais il ne tombe pas, jusqu'à ce qu'un projectile vienne l'atteindre en plein front. En le déshabillant, on trouva sur lui un cuirasse faite de mailles d'acier, ce qui explique le peu d'effet produit par les premiers coups de feu, qui étaient dirigés contre sa poitrine.

Le général Lecomte, placé à sa gauche, succomba à la première décharge. Sa tenue fut moins mâle et moins ferme que celle du général

Clément Thomas. Il se couvrit les yeux avec ses bras.

Un soldat qui avait servi sous ses ordres s'approcha de lui, le fusil chargé, et lui dit : « Brigand qui voulais me faire assassiner mes frères, je te tiens, tu vas me le payer! » Il lui fit sauter d'un seul coup l'œil et la moitié du crâne.

Dans le peloton qui exécuta les deux généraux, on remarquait peu de gardes nationaux. Presque tous les bandits qui le formaient n'étaient que des soldats de la ligne.

La maison de la rue des Rosiers, où fut commis cet horrible assassinat, avait servi de poste pendant le siége aux marins qui défendaient les buttes Montmartre. Elle fait face à la place Saint-Pierre et on y entre par une porte cochère verte. Derrière le corps de bâtiment, se trouve un charmant jardin descendant en pente sur la rue du cimetière Montmartre et qui appartient, ainsi que la maison, à M. Viollet. C'est dans ce jardin, sur le mur de droite, près de deux pêchers en fleurs, que l'exécution a eu lieu.

On y voit encore les traces d'une trentaine de balles, mais le plomb a disparu, des gamins l'ayant enlevé pour le vendre à bon prix à des collectionneurs.

A Paris, on tire parti de tout, même du crime.

V

Le Comité central à l'Hôtel-de-Ville. — Son installation, ses
espérances. — Emprunt de deux millions. — Craintes du
Comité. — Les repas de l'Hôtel-de-Ville. — Panique. —
La caserne Lobau. — Manies du citoyen Assi. — La table
des officiers.

Dans la soirée du 18 mars, après l'exécution
des généraux Clément Thomas et Lecomte, le
Comité central se réunit comme d'habitude au
nº 6 de la rue de la Corderie.

Séance agitée s'il en fut jamais. On est loin de
se croire victorieux. On redoute une surprise.
On a eu, d'ailleurs, la précaution de se faire
accompagner par plusieurs bataillons de gardes
nationaux.

Des émissaires, qui arrivent de tous les points,
annoncent que le gouvernement est en fuite, que
l'Hôtel-de-Ville et les ministères sont évacués.

On refuse d'abord d'ajouter foi à leur récit.
Néanmoins, après bien des délibérations et des
pourparlers, on décide qu'on se rendra à l'Hôtel-
de-Ville.

Ce qu'on avait dit était vrai : l'Hôtel-de-Ville était évacué. Il n'y avait personne non plus à la Préfecture de police. Les bureaux étaient nettoyés et propres. On n'y trouva pas le plus mince objet de quelque valeur appartenant aux employés. On avait eu le temps de tout emporter.

Les ministères étaient dans le même état. La Banque de France, seule, ainsi que la Recette générale des octrois de la Ville, n'avaient pas été abandonnées.

Les membres du Comité se mettent aussitôt en séance dans une salle de l'Hôtel-de-Ville. On s'embrasse, on se félicite, on fait des projets d'avenir, on se croit les maîtres du monde.

Vers le milieu de la nuit on sent le besoin de manger. On fait venir le maître d'office. On règle avec lui l'heure et la marche des repas. On nomme un intendant général, qui sera chargé de toutes les dépenses. Enfin on se partage les salles, les bureaux et les cabinets de l'Hôtel-de-Ville.

Tomber des chaises poudreuses et boîteuses de la rue de la Corderie dans les fauteuils rembourrés et dorés de M. Haussmann, c'était un rêve auquel le Comité central n'aurait jamais voulu se laisser aller quelques jours auparavant. Et cependant ce rêve était réalisé! On était vainqueur; on était maître de Paris, par conséquent de la France et du monde. On ne se préoccupa pas d'autre chose que de *singer* le mieux possible les hommes que l'on remplaçait. On marchait haut et fier sur les parquets cirés. On se faisait servir avec une sorte d'orgueil et de satisfaction intime. On contemplait avec des yeux éblouis les dorures, les statues et les tentures.

Les premiers jours se passèrent dans cette espèce d'émerveillement béat.

On ne songeait nullement à fortifier Paris. Nul ne s'inquiéta de prendre autour de la capitale les positions militaires que les Prussiens avaient abandonnées et qui auraient rendu un bombardement impossible. Il était plus urgent de régler l'heure des repas.

Cependant le Comité central se trouva bientôt embarrassé. La garde nationale, qui lui avait servi à faire son coup d'État, réclamait sa solde, et il n'avait pas d'argent.

Dans une séance qu'il tint dans le salon Henri IV, où, par parenthèse, il avait fait transporter la table en sapin de la rue de la Corderie, deux propositions furent faites.

On devait d'abord s'emparer de vive force de la Banque, des Recettes de la Ville et se saisir d'une notable quantité d'otages.

Ce premier projet fut rejeté presqu'à l'unanimité.

On décida qu'on emprunterait deux millions à la Banque pour faire face aux exigences de la garde nationale. Les deux millions furent donnés sans retard, et le Comité se trouva sorti d'embarras pour quatre ou cinq jours.

Il ne faudrait pas croire toutefois que les membres du Comité fussent sans inquiétude.

Ils se figuraient à chaque instant qu'on allait les enlever ou faire sauter l'Hôtel-de-Ville. C'est pour cette raison qu'ils gardèrent continuellement autour d'eux, soit sur la place, soit à l'intérieur du monument, quatre ou cinq bataillons de la garde nationale : des francs-tireurs, des éclaireurs, des gardes du corps, etc., etc. Tout cela, vêtu de costumes bariolés, avec des galons et des plumes, bivouaquait ou errait dans les salles de l'Hôtel-de-Ville. C'était un tumulte, un désordre dont il serait difficile de se faire une idée. Aux cris de tout ce monde se mêlaient le son des clairons et des tambours, le bruit des bottes, des sabres et des éperons. Sur la place on remuait des canons, on installait des affûts, on construisait des barricades. Des bataillons défilaient sans cesse, musique et drapeau rouge en tête, aux cris de « Vive la République! »

On déjeunait d'ordinaire à midi et on dînait à six heures, dans la salle qui donne sur le jardin. Peu d'invités étaient admis aux festins du Comité.

C'est pendant les repas que se traitaient souvent les questions les plus graves.

Quand la Commune fut nommée, on inscrivit

sur la porte du réfectoire ces mots : « Ici il est
défendu de parler politique; on ne dira que des
bêtises. »

Babick et Lacord brillaient surtout au réfectoire... Ils faisaient des jeux de mots et des ca-
lembourgs souvent fort spirituels. Le docteur
Parisel ennuyait ses voisins de descriptions scientifiques, tandis que Lavalette, en proie parfois à
des colères subites, faisait trembler tout le monde
par ses sorties orageuses.

Viard se mettait d'ordinaire au centre et péro-
rait, les deux mains dans les poches.

On riait, pendant ces repas, des frayeurs des
réactionnaires. C'était le sujet principal des
plaisanteries de ces messieurs. Ils n'étaient cependant guère rassurés eux-mêmes. Je n'en veux
pour preuve que le fait suivant :

Un soir, pendant un dîner, le citoyen Lisbonne, éperdu, couvert de sueur, descend de cheval dans la cour de l'Hôtel-de-Ville et se dirige
vers la salle du réfectoire où ses collègues étaient
réunis.

Il ouvre la porte tout effaré et s'écrie que c'est
le grand moment, que la réaction relève la tête,
qu'il faut sortir de table et se mettre à la tête des
bataillons, que tout est perdu, etc.

Enfin, il jette un tel trouble parmi les convives,
que l'un d'eux, le citoyen Billioray, plus pâle que
sa serviette, se lève et sort pour prendre l'air. Il

se trouvait mal. Il n'était pas le seul dans ce cas. On bouscule les tables et on se précipite dehors pour savoir ce qui se passe. On apprend qu'on ne court aucun danger. Ce n'était qu'une panique. Lisbonne remonte à cheval et va voir ce qu'il en est.

Voici les renseignements qu'il envoya plus tard au Comité.

La caserne Lobau était encore occupée par la troupe régulière. Un capitaine et son lieutenant, à qui on avait demandé de la rendre, avaient énergiquement refusé. Adossés contre le mur de la caserne, ils avaient fait feu sur la garde nationale. Celle-ci ayant riposté, le capitaine était tombé foudroyé, et son lieutenant, gravement blessé, avait été transporté à l'hôpital.

Ce sont ces coups de feu qui avaient tant effrayé le citoyen Lisbonne.

Les membres du Comité s'attardaient parfois à table.

Un soir, pendant un dîner, Assi, qu'on venait de nommer gouverneur de l'Hôtel-de-Ville, entre furieux dans le réfectoire et s'écrie :

« Lorsqu'on désire voir les membres du Comité on n'a qu'à descendre au réfectoire, on est certain de les y rencontrer. »

Plusieurs des convives, irrités du ton menaçant et dédaigneux du citoyen Assi, se lèvent et le somment de se taire. Il répond à cette protestation par un sourire méprisant. Inutile de dire qu'il n'était pas seul. Il ne sortait jamais sans être accompagné d'une sorte de garde prétorienne. Il jouait les Mazaniello. Il avait continuellement à sa portée, à table ou à son bureau, un revolver chargé et un poignard. Il prétendait qu'il intimidait ainsi son entourage.

Une seconde table, beaucoup mieux garnie que celle du Comité central, était dressée dans le réfectoire qui donne sur la cour. C'était là que mangeaient les officiers de la garde nationale. Le couvert était toujours mis. On s'attablait à dix heures du matin et on ne sortait le soir de la salle qu'à des heures fort avancées. Les invités abondaient. On a été obligé de servir, à certains jours, de quinze cents à seize cents repas.

Le citoyen Pindy, nommé plus tard par la Commune gouverneur de l'Hôtel-de-Ville, mit ordre à tout cela.

VI

Arrestation du général Chanzy. — Crémer. — Mise en liberté de Chanzy. — Proposition faite à Cremer. — Députations de Bordeaux, de Marseille et de Lyon. — Le Comité décide qu'il fera faire des élections et nommer une Commune de Paris.

C'est vers cette époque, c'est-à-dire quelques jours après l'installation du Comité central à l'Hôtel-de-Ville, qu'on arrêta le général Chanzy. Il en avait été question plusieurs fois déjà. A peine fut-il incarcéré qu'on parla de lui faire subir le sort des généraux Clément Thomas et Lecomte.

Cremer vint à l'Hôtel-de-Ville demander la mise en liberté de son ami.

Les membres du Comité étaient en train de déjeuner. La plupart sont d'avis de maintenir le général en état d'arrestation; d'autres veulent qu'il soit exécuté, lorsqu'un jeune homme d'une trentaine d'années à peu près, qui ne faisait pas encore partie du Comité, mais qui se trouvait par hasard au déjeuner, demande la parole et plaide énergiquement en faveur de Chanzy.

Les opinions se modifient; on décide qu'on résoudra la question aussitôt après le repas. On délibérera pour savoir si Chanzy mérite de vivre ou de mourir (*sic*).

Pendant la séance on présente le général Cremer au jeune homme, Léon Brin, qui avait si vivement défendu le prisonnier. Après une courte conversation, Léon Brin promet à Cremer de faire son possible pour sauver son ami, et, aidé du citoyen Rehm, il harcèle les membres du Comité, et fait tant et si bien qu'il obtient que Cremer soit admis à une audience.

En effet, vers le soir, on introduit le général devant le Comité central.

On lui déclare que Chanzy est libre sur parole; on lui ordonne d'aller le chercher à la prison et de l'amener à l'Hôtel-de-ville.

Au bout d'une heure à peu près, ils arrivent tous les deux accompagnés d'un membre du Comité.

Ils s'engagent sur l'honneur à ne pas prendre pendant six mois les armes contre les républicains. Si Chanzy manque à sa parole, Cremer jure de payer de sa vie sa « forfaiture ».

Cette formalité solennellement accomplie, les deux généraux sont mis en liberté.

Pendant que Cremer errait dans l'Hôtel-de-Ville

pour solliciter cette audience du Comité, qu'il eut tant de peine à obtenir, on lui avait proposé officieusement de se mettre à la tête des armées de la République. Il avait déclaré nettement qu'il ne regardait pas le Comité central comme un gouvernement sérieux, et après avoir demandé vingt-quatre heures pour réfléchir, il avait refusé le commandement qu'on lui offrait.

Le lendemain Cremer et Chanzy partaient à Versailles. Bien leur en prit, car s'ils avaient été arrêtés une seconde fois, on ne les aurait pas relâchés aussi facilement.

Sur ces entrefaites, on annonça au Comité central une députation de la ville de Bordeaux. La capitale de la Gironde venait de proclamer sa Commune.

Quelle joie et quels transports au dîner du soir! La province subissait l'élan de Paris; on était sauvé. Que pourrait le gouvernement de Versailles contre la France tout entière? On se laissait aller aux rêves les plus insensés. On voyait le monde entier enflammé par la traînée de poudre partant de l'Hôtel-de-Ville. On commanda immédiatement des affiches qui devaient être placardées sur tous les murs de la capitale.

Amère déception! Quelques jours après, on apprenait que la Commune n'avait obtenu à Bordeaux qu'une faible minorité.

Il en était de même pour Marseille et Lyon. On

avait fait aux délégués de cette dernière ville l'accueil le-plus enthousiaste. On les avait embrassés avec des larmes de joie. On avait donné un grand dîner en leur honneur.

Ils racontaient pompeusement que la Commune avait été proclamée du haut de l'Hôtel-de-Ville et que Lyon tout entier l'avait acclamée.

On se rappelle encore les affiches que le Comité central fit apposer à cette occasion et les cris de triomphe que poussèrent les gardes nationaux.

Proclamations et clameurs inutiles ! Lyon, comme Marseille et comme Bordeaux, rentrait bientôt dans l'ordre, et le mouvement de Paris demeurait isolé.

C'est vers ce moment que quelques membres du Comité proposèrent de nommer une Commune de Paris.

Ce fut l'objet d'une longue délibération. Il s'agissait de savoir si les membres du Comité devaient se porter à la Commune ou rester Comité central et constituer un second pouvoir chargé de surveiller le premier, comme le Sénat auprès du Corps législatif.

Les opinions étaient fort partagées.

« Je ne trouve pas sage au Comité central, dit le citoyen Mortier, de ne pas se présenter aux élections, car s'il dépose ses pouvoirs, il sera naturellement forcé de se retirer et de demeurer sans influence. Il ne pourra prendre part à au-cune gestion gouvernementale. Quant à moi, que les autres acceptent le mandat ou le refusent, j'obéirai à mes électeurs. »

Plusieurs autres membres du Comité, les am-bitieux, les vaniteux — on a vu qu'ils étaient les plus nombreux — parlèrent dans ce sens.

On vota, et il fut décidé qu'on ferait les élec-tions le plus tôt possible et que les membres du Comité étaient éligibles.

Plusieurs d'entre ces derniers cependant, les plus honnêtes et les plus sages, refusèrent de se présenter aux électeurs et de faire partie de la Commune.

Le Comité central venait de commettre la faute qui devait le perdre.

VII

Nomination et proclamation solennelle de la Commune. — Aspect de la place de l'Hôtel-de-Ville. — Le bureau de Fabre. — Premier dîner de la Commune à l'Hôtel-de-Ville. — Parole prophétique d'un convive.

Le 26 mars, huit jours après l'installation du Comité central à l'Hôtel-de-Ville, la Commune fut nommée. Elle se composait de quatre-vingt-dix membres.

La majeure partie des membres du Comité avait été élue.

Le dépouillement du scrutin se fit dans la salle du Trône, sous la présidence des citoyens Bonvalet et Varlin, au milieu d'un vacarme inouï. Le résultat fut connu vers trois heures du matin, sauf pour le XVIII⁰ arrondissement, qui resta deux jours en retard.

C'est le 29 qu'eut lieu la proclamation solennelle.

Quelqu'un qui serait tombé ce jour-là à l'improviste, entre deux et trois heures, sur la place de l'Hôtel-de-Ville, aurait couru bien des chances pour en revenir halluciné.

Jamais ne s'était vu peut-être pareil mélange d'appareils de guerre, d'engins de mort et de préparatifs de fête. On dansait littéralement sur un volcan, au milieu des canons et des caissons remplis de poudre.

On avait fait la toilette même aux barricades, à ces sinistres barricades dont le Parisien ne prononcera plus le nom sans frissonner.

La foule est nombreuse, pressée, agitée, étouffée.

La circulation de toutes les rues conduisant à l'Hôtel-de-Ville est devenue impossible.

Sur le milieu de la place, on n'aperçoit que des képis mêlés confusément, surmontés de baïonnettes blanches qui étincellent.

De loin, cela ressemble à un immense tapis bariolé, semé de diamants et de perles.

D'instants en instants, une trombe de vent, débouchant par la rue de Rivoli, couvre toute cette foule d'un tourbillon de poussière qui l'enveloppe comme d'un nuage.

Et les drapeaux rouges, que le soleil rend liquides et transparents ainsi que des taches de sang, claquent le long de leurs hampes au milieu de la nuée jaunâtre. On croit être le jouet d'un rêve.

Tout à coup les tambours battent, les clairons sonnent.

La foule s'ouvre et divers courants la coupent dans tous les sens. Ce sont les bataillons du Comité qui arrivent, précédés de leurs délégués, sur les bras desquels s'étale un superbe ruban rouge.

Ces différentes colonnes ont bien de la peine à arriver sur la place. Il leur faut faire des efforts inouïs pour percer la masse compacte qui les en sépare.

Les gardes prétoriennes sont vêtues de neuf des pieds à la tête. Des galons de pourpre serpentent sur leurs tuniques et autour de leurs képis.

Elles se rangent au pied des *trônes* des fonctionnaires municipaux, car il y a au milieu de la place des trônes pour les chevaliers de la Commune.

Au bas d'une statue de la République, entourée de drapeaux rouges, est une rangée de fauteuils en velours pourpre que domine un siége plus large et plus élevé que les autres. C'est celui du président. C'est de là que le citoyen Assi va haranguer la foule et la remercier « de la sagesse dont elle a fait preuve dans ses votes. »

Devant l'estrade sont rangées en bataille des pièces de sept, chargées à blanc, dont la voix forte et grave va bientôt dominer le sourd gron-

dement du peuple et les fanfares retentissantes
des clairons.

La foule ne fait qu'augmenter. Elle arrive par
tous les points à la fois, par la rue de Rivoli, le
boulevard Sébastopol et la rue Turbigo. La place
ne peut la contenir. Elle déborde dans toutes les
rues.

Vers quatre heures à peu près, les membres du
Comité, Assi en tête, Assi pâle et ému, descendent les marches de l'Hôtel-de-Ville et viennent
prendre place sur l'estrade qui leur a été pré-
parée.

A ce moment, l'enthousiasme des citoyens est
indescriptible.

Tout s'agite, képis et baïonnettes, les mains se
lèvent en l'air, et mille cris formidables de
« Vive la République! vive la Commune! » vont
faire mugir les échos d'alentour.

Au-dessus de tout ce fracas, de tout-ce tumulte
à déchirer le tympan d'un sourd, le bruit du
canon se fait entendre. Tous les tambours battent, toutes les musiques jouent.

On saisit par intervalles quelques bribes de
l'air de *la Marseillaise*.

Le président du Comité veut parler. Il s'épuise
en gestes et en paroles inutiles. On le voit de
loin se démener et ouvrir la bouche, mais on
n'entend rien. Un immense officier garibaldien
élève vainement son sabre au-dessus de la foule

pour imposer silence. Des citoyens aussi émus que ceux qui se pressent en avant de l'estrade ne se calment pas.

Pendant que le peuple applaudissait, acclamait et hurlait sur la place, que faisaient à l'intérieur du palais municipal les nouveaux élus ?

Ils se précipitaient, d'un commun accord, dans le bureau du citoyen Fabre, chef de l'armement et de l'équipement militaires.

Il leur faut des sabres et des revolvers ; il leur faut des bottes, des écharpes, des galons et des képis. La plupart d'entre eux ne se sont fait nommer que pour cela.

Fabre, qui n'avait pas prévu cet incident, ne sait où donner de la tête. Vainement il supplie les membres de la Commune d'attendre quelques jours : il fera son possible pour les satisfaire. On ne l'écoute pas. En un clin-d'œil le bureau est mis au pillage. On se dispute la flanelle rouge qui s'y trouve pour faire des ceintures. On échange ses vieux souliers contre de splendides bottes vernies. On fait main basse sur les dragonnes, les armes de toute espèce, les insignes et les décorations du Comité, décorations formant le triangle, et sur lesquelles on avait gravé, d'un côté : « Comité central. — 18 mars ; » de l'autre : « Liberté, Égalité, Fraternité. » Au centre était une tête de la République.

Le malheureux Fabre, emporté, furieux, jure

et se démène. On n'y prend pas garde. En moins d'une demi-heure, il ne reste plus dans son bureau un revolver, un mètre de galon ou d'étoffe. On lui a enlevé même les armes qui lui appartenaient personnellement.

Après cette scène scandaleuse, chacun erra à sa guise dans l'Hôtel-de-Ville jusqu'à l'heure du dîner. On entendait du dehors les cris des bataillons qui défilaient sur la place pour acclamer la Commune et le bruit assourdissant produit par une vingtaine de tambours et sept ou huit grosses caisses.

Chose curieuse ! le repas qui termina cette fête splendide fut triste. On avait remarqué, pendant le défilé des bataillons, que les maisons qui entouraient l'Hôtel-de-Ville n'étaient point pavoisées comme pour une fête nationale. Il n'y avait presque personne aux fenêtres. Sauf les gardes nationaux, tout le monde avait paru triste. On était venu sur la place par curiosité plutôt que par sympathie. Cette physionomie peu rassurante du public n'avait échappé à personne. On mangea en silence et on but pour s'étourdir. Les membres restés fidèles au Comité commencèrent à se disputer avec les nouveaux élus de la Commune, et, en sortant du réfectoire, un des convives dit à son voisin cette parole prophétique :

« La Commune commence dans le vin, elle finira dans le sang ! »

VIII

Séparation de la Commune et du Comité central. — Cluseret.
— Cluseret est nommé ministre de la guerre. — Il se
brouille avec le Comité. — Rossel. — La chasse aux
places.

Comme nous l'avons dit plus haut, il était défendu au réfectoire de parler politique. On ne
devait y dire que « des bêtises. » Aussi, dès
qu'une discussion s'élevait, comme la politesse
n'était guère en usage dans l'Hôtel-de-Ville, l'immense Viard montait sur sa chaise et rappelait
brutalement aux convives les termes de cette
convention.

Trois jours après la nomination de la Commune, une querelle éclata entre celle-ci et les
membres du Comité central qui n'en faisaient
pas partie.

« Vous êtes enragés pour parler politique, dit
Viard aux communeux. Vous nous ennuyez.

— C'est vrai, dit Lacord, on devrait laisser parler seul Viard pendant le repas, quitte à lui demander de se taire pendant les séances. Il est plus propre à dire des bêtises qu'à discuter la politique.

— Je suis étonné, dit Mortier, qu'on se dispute si fort ici, pendant que Lacord est parmi nous.

Huées générales de la salle.

— Il n'y a jamais que les imbéciles qui rient des gens d'esprit, dit Lacord. »

Dupont, membre de la Commune, prend la parole :

« C'est avec un sensible plaisir que je constate la politesse habituelle du citoyen Lacord.

— Oh ! oh ! répond ce dernier, je n'ai jamais eu l'intention de me respecter dans une société pareille à la vôtre, citoyen Dupont.

— Vous êtes dur pour la Commune, Lacord, dit Dupont.

— Je demande l'expulsion du citoyen Lacord, répond Viard.

— Et moi, réplique Lacord, je prie mes collègues de verser à boire à Viard et qu'il se taise. Passez-moi les biscuits (Lacord avait l'habitude de manger tous les biscuits qui paraissaient sur la table de l'Hôtel-de-Ville).

— Il n'y en a plus, dit Billioray; on avait commis la sottise de les mettre devant toi. »

La discussion continua sur ce ton moitié plaisant, moitié sérieux, et à la fin du repas les membres de la Commune décidèrent qu'ils n'admettraient plus à leur table les membres du Comité.

Le citoyen Pindy, gouverneur de l'Hôtel-de-Ville, fut chargé de dire à chacun de ces derniers qu'il eût à se pourvoir d'un local et de sa nourriture.

Le soir même, le Comité central se transportait rue de l'Entrepôt, n° 2, derrière la caserne du Prince-Eugène.

A ce moment entrent en scène deux personnages qui eurent plus tard la plus grande influence sur les destinées de la Commune. C'est le général Cluseret et son aide de camp Rossel.

Cluseret, qui n'avait pas pu se faire nommer membre de la Commune, était fort mécontent des élections.

Il essaya de profiter des dissentiments qui existaient entre le Comité et la Commune pour arriver à se venger de cette dernière. Il excita contre elle les membres du Comité et leur persuada de tenter un coup d'État pour la renverser. « Si vous ne la chassez pas de l'Hôtel-de-Ville, dit-il, j'irai faire de la propagande dans les faubourgs. Je dirai que vous manquez d'énergie et je vous tournerai en ridicule. »

En même temps il meublait à ses frais la salle de la rue de l'Entrepôt où le Comité devait tenir ses séances.

Le Comité se laissa prendre à ses promesses fallacieuses et lui promit son concours.

Cluseret n'en demandait pas davantage.

Il court à l'Hôtel-de-Ville, demande une audience à la Commune et en sort ministre de la guerre.

Il vient annoncer cette bonne nouvelle au Comité central, en lui disant qu'il ne fera rien sans ses sages avis; qu'il suivra toujours ses recommandations et ses conseils et l'emmène avec lui au ministère de la guerre où il l'installe.

Mais une fois maître du pouvoir, Cluseret oublia bien vite son serment. Le Comité central le gênait. Il voulut s'en débarrasser.

Celui-ci tenait ses séances dans la grande salle de l'état-major, donnant sur le jardin du ministère. A côté de cette salle se trouve un cabinet de travail, dans lequel on prenait ses repas, servis par un domestique nègre.

Un matin, vers onze heures, Cluseret entre dans ce cabinet et dit aux membres du Comité qu'il trouve en train de déjeuner :

« J'avais défendu de faire la cuisine dans le ministère de la guerre. De quel droit vous permettez-vous de vous faire apporter à manger ici ? »

Personne ne répond, mais une heure après quelques membres du Comité rédigent une lettre dans laquelle ils expriment à Cluseret toute leur indignation. « Ils auraient pu le punir, disent-ils, mais ils se contentent de le mépriser. »

Le Comité retourna alors définitivement rue de l'Entrepôt, où il se reforma et reçut de nouveaux adhérents.

Ce n'est pas le seul abus de pouvoir que commit le citoyen Cluseret à son entrée au ministère : comme il était toujours en bourgeois, les galons des autres l'offusquaient.

« J'ai commandé des armées en bourgeois, dit-il un jour, je ne vois pas la nécessité de couvrir d'argent les chefs de la garde nationale.

— Tout le monde ne pourrait pas porter honorablement les galons, dit quelqu'un. »

Cluseret haussa les épaules, mais il devint blême.

Quelques jours après il faisait publier ce décret qui devait refréner la passion exagérée qu'avaient pour les insignes militaires les officiers fédérés.

Un autre jour il répondit à un commandant qui lui demandait un sabre :

« Oh! c'est trop fort : un commandant qui réclame un sabre pour aller sur le champ de bataille, cela me fait l'effet d'un gamin qui demanderait une poupée à son père. »

Le commandant ne répondit rien, mais il porta la main à son côté. Fort heureusement pour Cluseret, il n'y avait pas d'arme.

Le lendemain, à cinq heures du soir, on annonçait que ce commandant si brutalement congédié avait été tué en s'emparant d'une barricade. Cette nouvelle produisit dans le cabinet une profonde sensation.

Cluseret, qui ne manquait point d'habileté pour tout ce qui ne concernait pas l'état militaire, avait eu soin de prendre pour aide de camp un capitaine du génie, nommé Rossel. Dans le pays des aveugles, comme dit le proverbe, les borgnes sont rois. Rossel, quoique sans véritable talent militaire, obtint donc bientôt une grande influence au milieu de gens qui n'entendaient rien aux choses de la guerre.

C'était un être grincheux et méchant. Il avait constamment les sourcils contractés, le front plissé, les dents serrées. Il portait un binocle qui lui donnait l'air pédant.

La Commune avait la plus grande confiance en Cluseret, doublé de Rossel. Elle chantait à l'envi leurs qualités et leur profond savoir. Pleine de vanité, il suffisait qu'elle eût fait choix d'un homme pour que cet homme devînt un génie. Elle ne pouvait pas supporter qu'on lui trouvât des défauts ou même des faiblesses. A son service tout le monde était dieu.

Bientôt, il fut question, parmi les membres de la Commune, de se diviser en commissions pour gérer les affaires de l'État, les ministères, les administrations, etc. Alors on commença la chasse aux places. Ce fut une véritable chasse à courre. Tout fut mis en œuvre pour arriver : supplications, infamies, mauvais procédés. On se jeta sur le moindre emploi, comme des chiens voraces sur une proie. On se précipita aux mairies, aux caisses, aux finances. Le vol et le pillage commencèrent. Suspicions, dénonciations, arrestations eurent beau jeu. Il y eut des associations de bandits, tels que Viard, Jourde et Avoine fils pour spéculer sur les abattoirs, les greniers au fourrage, les farines, les sels, les munitions de guerre, l'alimentation de la garde nationale, etc. Une foule de juifs tarés, de spéculateurs avides se mirent de la partie, et chaque bureau devint bientôt une caisse où venaient puiser à l'envi tous les escrocs et tous les coquins de la capitale.

Enfin l'aberration mentale fut telle qu'on vit Babick, ancien garçon emballeur, devenir ministre de la justice, doublé d'un avocat prétentieux et ridicule nommé Protot.

Voilà comment était composé le personnel qui eut à gérer pendant près de deux mois les intérêts de la capitale!

IX

Commencement des hostilités. — Eudes, Bergeret, Duval et
Flourens marchent sur les Versaillais. — Échec de Bergeret devant le Mont-Valérien. — Plaintes de Bergeret.
— Cluseret. — 1re Commission civile militaire. — Suppression des huissiers et des employés de ministère.

La Commune était à peine installée à l'Hôtel-
de-Ville, le 1er avril, qu'on vient lui annoncer
que « les Chouans de Charrette, les Vendéens de
Cathelineau, les Bretons de Trochu, flanqués des
gendarmes de Valentin, » ont attaqué les fédérés.

Le général de Gallifet avait poussé une reconnaissance jusqu'à Neuilly et surpris les avant-
postes.

Les gardes nationaux s'étaient enfuis en laissant des blessés et des morts, mais ils n'avaient
pas tardé à revenir à la charge et à disperser la
cavalerie du marquis versaillais.

Voilà la version qui circulait.

Aussitôt la Commune s'assemble en conseil.
On réunit les généraux et les chefs de légion.

Tous s'accordent à dire que la garde nationale est prête à marcher et qu'il faut attaquer Versailles.

Eudes, Bergeret, Duval et Flourens décident qu'ils vont se mettre à la tête des troupes et qu'ils s'empareront de la capitale de Seine-et-Oise sans coup férir.

En effet, ils partent pendant la nuit, chacun de son côté, comme en procession, sans direction, sans itinéraire. Il n'y a pas de général en chef. Eudes ne voudrait pas obéir à Bergeret, et celui-ci se croirait déshonoré s'il suivait les ordres de Duval ou de Flourens.

L'un des quatre chefs, Bergeret, parti en guerre dans une voiture de mariée, avec son colonel d'état-major Henry, s'est laissé persuader par Cluseret et Rossel, qui ont tout intérêt à le perdre, que le fort du Mont-Valérien appartient aux fédérés et qu'il peut passer sous son feu sans danger.

Il entraîne Eudes avec lui.

A moitié chemin, les deux corps d'armée sont accueillis par une bordée d'obus qui les sépare.

Eudes tourne à gauche, où il rejoint Duval et Flourens, tandis que Bergeret, la panique passée, lance ses troupes sur le Mont-Valérien pour le prendre d'assaut, car il croyait toujours que les soldats qui l'occupaient allaient se rendre.

Vain espoir! Le Mont-Valérien résiste. Il envoie aux fédérés des obus et des boulets qui mettent le désordre dans leurs rangs. Les deux chevaux qui traînent la voiture du général tombent frappés mortellement.

L'expédition se termine par une rentrée en désordre dans Paris.

Le signal de la débandade donné, les gardes nationaux, pâles, effarés, se précipitent dans la ville par toutes les portes. Ils semblent harassés de fatigue. Leur tunique est déchirée, débraillée, couverte de poussière. Ils paraissent fort embarrassés de leur uniforme et de leurs armes.

Presque tous disent qu'ils ont été trahis ; que leurs chefs les ont menés à la boucherie pour se défaire d'eux.

De nombreuses estafettes courent de côté et d'autre, affolées, ne sachant où elles vont.

On les entoure pour avoir des nouvelles.

Les allées des Champs-Elysées sont remplies de groupes émus qui discutent et pérorent. On commente ce qui s'est passé avec animation, avec passion.

Plusieurs voitures d'ambulance sortent lentement du palais de l'Industrie et se préparent à partir. Il y en a de toutes sortes : voitures américaines grises et massives, fiacres et omnibus.

La place de la Concorde est remplie de monde. Toutes les rues qui y conduisent, rue de Rivoli, rue Royale, rue Boissy-d'Anglas, sont gardées par des factionnaires.

Sur la place Vendôme, on travaille avec fureur. On dépave les rues. On exhausse les barricades déjà construites. On en commence de nouvelles. Plusieurs bataillons sont massés devant les états-majors.

A ce moment, passe sur la place le général Bergeret que l'on n'acclame pas.

Il entre furieux dans l'état-major.

— On en veut donc à la République ? C'est une trahison, un guet-apens, une lâcheté, une manière déloyale de faire la guerre ! crie-t-il aux officiers qui sont là. Pourquoi ne m'avait-on pas averti que le Mont-Valérien n'était pas à nous ?

— Mais, général, lui répond quelqu'un, c'est vous qui deviez le savoir.

— Est-ce que c'est moi qui étais chargé du commandement du fort ?

— Non, mais vous deviez connaître les conditions dans lesquelles le fort se trouvait.

Bergeret fit un geste qui signifiait qu'il s'en fichait pas mal et alla s'asseoir dans un fauteuil, où il ne tarda pas à s'assoupir.

Quelques instants après, la salle de l'état-major était envahie par une foule d'officiers en désarroi qui venaient demander ce qu'il fallait faire. Ce n'était point la bonne volonté qui leur manquait, mais ils étaient absolument incapables de suivre les ordres et les instructions qu'on aurait pu leur donner.

D'ailleurs, les chefs supérieurs ne savaient eux-mêmes pas où donner de la tête.

On allait et venait de côté et d'autre, ahuris, empressés, demandant des nouvelles à droite et à gauche et ne sachant à quel saint se vouer.

Pendant ce temps, Flourens, Duval et Eudes étaient hors de Paris, sans quartier général, sans officiers d'ordonnance, sans corps de génie, sans ingénieurs.

La position était embarrassante. Que fit la Commune pour s'en tirer ? On lui conseilla de faire rentrer immédiatement les gardes nationaux dans Paris et d'attendre l'ennemi derrière les remparts. Elle ne voulut pas écouter cet avis. Elle crut parer à toutes les difficultés en nommant, pour surveiller Cluseret, ministre de la guerre, une commission civile militaire, composée de Pindy, Bergeret, Eudes, Duval et Ranvier.

Elle pensa également avoir fait un grand pas en décidant, dans la séance du soir, qu'il n'y aurait plus, dans le ministère et dans l'état-major, ni huissiers ni introducteurs. Le service serait fait par les gardes nationaux de corvée.

Voici quelle était la raison de cette grave mesure.

La tenue obséquieuse des garçons de bureau

et des employés des précédents régimes impressionnait les membres de la Commune, qui n'étaient pas habitués à tant de respect.

Babick, ministre de la justice, qui était venu voir Bergeret à l'état-major, avait été importuné par le costume et l'air honnête des huissiers.

« A quoi servent ces *mufles-là?* dit-il en sortant. On ne sait pas comment les commander, et puis ils sont mis comme nous n'oserions pas nous mettre. Quand ils disent « citoyen, » on croirait qu'ils avalent une arête de morue. Nous avons assez de tous ces lapins-là ; leur règne est terminé. Je vais d'ailleurs mettre, ce soir, la question à l'ordre du jour.

— C'est cela, dit Viard ; nous allons faire faire le service des bureaux et le service de la cuisine et de la table par des gardes nationaux.

Quelqu'un fit observer qu'on n'en mangerait que plus mal.

— Avec cela, reprit Babick, qu'on nous donne souvent des légumes à manger ici.

— Tiens, répliqua Lacord, voilà Babick qui regrette son *arlequin* d'autrefois.

— Quant à moi, dit Viard, je suis de l'avis de Babick ; on ne mange jamais de pommes de terre à l'Hôtel-de-Ville.

— Est-ce que vous auriez l'intention de vous engraisser au pouvoir? dit Lacord.

— Voilà bien de ton style, répondit Viard. Au

revoir, communeux de malheur. Si tu as faim, il y a encore des biscuits à mettre dans ta poche.

Babick et Lacord se turent, et, le soir, on vota la suppression des huissiers, des cuisiniers et des garçons de bureau.

C'est par d'aussi sages décisions que la Commune cherchait à tirer d'embarras les gardes nationaux qui se battaient pour elle à Neuilly.

X

Deuxième commission civile militaire. — Cette commission
veut remplacer le général Cluseret par le citoyen Léon
Brin. — Examen qu'elle fait subir à celui-ci.

La première commission civile militaire ne
fonctionna pas. Elle se composait d'éléments trop
disparates. On la remplaça presque immédiatement par une seconde comprenant les citoyens :

    Arnold, architecte ;
    Tridon, hommes de lettres ;
    Ranvier, peintre ;
    Delescluze, homme de lettres ;
    Avrial, mécanicien.

Inutile de dire que ces cinq citoyens étaient
aussi capables les uns que les autres de s'occuper
des commandements militaires. Et cependant il
aurait fallu à ce moment une commission sérieuse. On commençait à soupçonner Cluseret
d'avoir des relations avec Versailles ou du moins
de manquer de génie.

La commission chercha à le remplacer.

Elle se réunit en présence de Dombrowski, que l'on venait de nommer général, dans le petit cabinet vert du ministère de la guerre qui donne sur le jardin, et propose au citoyen Léon Brin de remplacer le ministre.

— J'accepte, dit Léon Brin, cette grave fonction, à la condition que vous me remettrez en même temps un pouvoir absolu, une sorte de dictature militaire qui est indispensable à une direction sérieuse.

— Nous savons, dit Tridon, que vous êtes capable de nous aider; mais, avant de recevoir un pouvoir aussi illimité, il serait bon que vous nous disiez comment vous allez vous y prendre pour anéantir, si cela se peut, les Versaillais (textuel).

— Hé! reprend Arnold, vous devez avoir, vous ingénieur, chimiste et inventeur, des moyens stratégiques ou des engins qui nous permettront de nous tirer d'embarras immédiatement.

Le citoyen Brin sourit.

— Vous vous méprenez sur ce que je veux faire, dit-il. Le rôle d'un ministre de la guerre est d'abord de mettre la garde nationale et ses chefs dans de bonnes conditions, puis de s'entendre, de concert avec la Commune, diplomatiquement avec ses adversaires.

— Mais tout cela, dit Arnold, ne ressemble

guère à la destruction de nos ennemis par des moyens stratégiques.

— Certainement, reprit Tridon, arrivons au fait. Toujours des discours ; *acta, acta !...*

Léon Brin, rouge de colère, continue néanmoins son exposé :

— Avant de passer aux actes, dit-il, il faut une ligne de conduite tracée à l'avance, et c'est ce que vous n'avez pas. Vous courez au but sans savoir par où passer pour l'atteindre. Je vous déclare aujourd'hui que vous faites tous fausse route. Vous jugerez plus tard si je suis oui ou non dans le vrai.

Puis il se tourna vers le général Dombrowski et lui demanda son opinion.

— Je trouve que le citoyen Léon Brin a raison, répondit Dombrowski, et je vais vous en donner une preuve : Tout le monde se figure, à Versailles comme à Paris, que j'ai à ma disposition 30,000 hommes au moins.

« Vous, citoyens, qui formez la commission militaire, dit-il en s'adressant à Tridon, Delescluze et autres, devinez combien j'ai d'hommes.

— 20,000 à peu près, dit Arnold.

— Pas précisément, répondit Dombrowski avec un sourire de pitié. J'ai avec moi tout au plus onze cents hommes, et c'est grâce à des supercheries journalières que je parviens à tromper l'armée. Mais vienne un moment où cela sera connu, je serai perdu avec le reste de mes hommes.

— Mais enfin, répliqua Tridon, tous ces *détails-là* ne nous font pas connaître le plan de défense du citoyen Léon Brin.

— Je vais toujours vous prouver, dit ce dernier, l'impossibilité de ce que vous me demandez. Prenons une carte topographique des environs de Paris et je vais vous faire un cours de stratégie militaire.

— A quoi cela nous avancera-t-il? dit Tridon, je n'y connais rien.

— Eh bien! dit froidement Dombrowski, il faut vous en rapporter au citoyen; il est inutile de l'examiner, puisque vous ne pouvez pas le juger. »

A cette mordante apostrophe, Tridon bondit et se promène dans le cabinet; Arnold mort ses lèvres, s'emporte et injurie le citoyen Brin.

— Si la commission vous a fait venir, lui dit-il, ce n'était pas pour traiter des questions politiques ou diplomatiques. Notre conversation reste sans résultat.

« Il me semble qu'on pourrait détruire le Mont-Valérien en 24 ou 48 heures au plus. Quels moyens faudrait-il employer pour cela?

— Oh! oh! dit en se contenant à peine le citoyen Léon Brin, la besogne est rude. Si cependant les soldats qui se trouvent dans le fort voulaient se donner la peine d'en sortir, on pourrait peut-être le miner et le faire sauter.

« Mais supposons qu'on anéantisse le Mont-Valérien, ajoute l'orateur, croyez-vous que l'armée de Versailles se rendra parce que vous aurez détruit un fort qui vous gêne?

— De cette façon, répliqua Arnold, je vois que j'ai dérangé la commission pour rien, car c'est moi qui avais proposé d'examiner le citoyen Léon Brin.

— Merci infiniment, répondit ce dernier; vous n'êtes guère aimable ce matin, citoyen Arnold. »

Arnold reprit :

— Et puis, on va vous chercher, vous êtes en uniforme; vous vous mettez comme un officier de l'empire. Quand on vous adresse la parole, vous faites un tas de discours. Il est impossible de compter sur un homme qui fait des discours. Vous vous habillez trop bien pour paraître un homme sérieux. Enfin, il n'est pas possible de nous entendre; force nous est de laisser Cluseret où il est. »

Et l'on se sépara.

C'est ainsi que fonctionnait la seconde commission civile militaire, destinée à remplacer la première, qui ne fonctionnait pas!

XI

Vengeance de Cluseret. — Les généraux Dombrowski et
Okolowich. — Trois tentatives d'assassinat sont faites sur
Okolowich.

Cluseret eut vent de ce qui se passait à la
commission militaire. Il ne tarda pas à s'en venger sur la personne du citoyen Léon Brin.

Celui-ci avait été nommé douze jours auparavant chef de l'armement.

Un matin, il voit se présenter à son bureau un
homme d'un certain âge, muni d'une commission
conçue en ces termes :

« Le citoyen Marin père prendra la direction
de l'armement en remplacement du citoyen Léon
Brin. »

Ce dernier prend le père Marin à part :

— Écoutez, lui dit-il, vous me paraissez être
un honnête homme. La manière dont vous vous
présentez me donne de vous cette opinion. Cluseret me renvoie par jalousie ou parce qu'il a

envie d'exploiter l'armement à sa manière. Pour remplir ce poste, il faut des connaissances spéciales que vous n'avez pas. Avant de vous céder la place, je vous le dis franchement : vous vous mettrez à l'abri de bien des ennuis et de bien des malheurs en refusant le grade de chef d'armement sous les ordres d'un homme tel que Cluseret.

Marin se le tient pour dit et envoie aussitôt sa démission.

Une heure après, un peloton de gardes nationaux venait pour s'emparer du citoyen Léon Brin, qui fut obligé de demeurer caché pendant près de dix jours.

Quand on avait appris à l'Hôtel-de-Ville la mort des généraux Flourens et Duval et du colonel Henry, on en avait été moins impressionné qu'on pourrait le croire.

— On les remplacera, avait dit quelqu'un.

Et on chercha, en effet, à les remplacer. Les hommes doués du génie de la guerre étaient rares dans la Commune. Sur les bulletins militaires de Cluseret, les fédérés étaient toujours vainqueurs, ce qui ne leur empêchait pas de perdre chaque jour des hommes et du terrain.

La commission militaire faisait de vains efforts pour trouver un homme capable de détruire en un jour l'armée versaillaise « par des moyens chimiques ou stratégiques. » Elle n'y parvenait pas. Nuit et jour, le canon tonnait autour de Paris. Des obus commençaient à pleuvoir sur la porte Maillot et n'allaient pas tarder à tomber jusque dans l'avenue des Champs-Élysées.

A l'Hôtel-de-Ville, on perdait son temps à discuter des projets de loi inutiles ou insensés. On découpait dans les journaux tout ce qui était hostile à la Commune et on le collectionnait soigneusement pour s'en souvenir à l'occasion. On faisait faire des perquisitions et des arrestations. Enfin, on s'occupait des moyens de faire marcher de force les réfractaires, pendant qu'on avait autour de Paris des bataillons qui se débandaient faute de chefs, de vivres et de munitions.

Et cependant on mit la main sur deux hommes capables de mener à bien les affaires de la Commune, si la Commune avait eu plus de confiance en eux, et s'ils n'avaient pas été continuellement gênés et harcelés par Cluseret, qui semblait n'avoir été nommé ministre de la guerre que pour empêcher les généraux et les armées de se battre.

Ces deux hommes, qui furent une bonne fortune pour la Commune, étaient Dombrowski et Auguste Okolowich.

Dombrowski avait été capitaine d'état-major. Il avait trente-cinq ans, une figure sympathique, de beaux cheveux blonds. Il était doué d'une énergie et d'une bravoure extraordinaires. Il portait une petite moustache et une barbiche en fer à cheval clair-semée. Maigre et petit, joues osseuses. Dombrowski avait embrassé le parti de la Commune pour se faire un nom et acquérir une certaine influence. Il espérait profiter plus tard de ce nom et de cette influence pour soulever les Polonais ses compatriotes et conquérir sa patrie. Il a souvent fait part à ses amis de ses projets d'avenir. Nous raconterons plus loin où et comment il a été tué.

Auguste Okolowich est un ancien capitaine d'un corps de francs-tireurs formé par lui et par ses frères — ils ont été 24, dont 6 ont servi pendant le siége. L'amiral Pothuau avait pour lui une grande affection, à cause des services qu'il lui avait rendus pendant les quatre mois qu'ils sont restés ensemble à Vitry. Il a tenu à lui en exprimer verbalement sa reconnaissance.

Auguste Okolowich était porté pour la croix et cinq de ses frères pour la médaille militaire.

Il a trente-six ans, une taille moyenne, une figure mâle et énergique, quoique douce. Il est brun et porte la moustache retroussée et la mouche. Il est intelligent, instruit et bien élevé. Il dirigeait, avant le siége, le journal *Paris-Théâtre*.

Auguste Okolowich n'a échappé à la mort, pendant son aventureuse carrière, que par miracle. Le 12 avril, on essayait de l'assassiner à Neuilly ; quelques jours après, on le retirait à demi-mort des décombres de la maison qui lui servait d'état-major et qui venait de s'écrouler. Malgré trois fortes contusions, dont une à la tête qui le faisait cruellement souffrir, il n'abandonna pas son poste et resta à la tête de ses hommes dans tous les combats qui suivirent.

Le 21 avril, plusieurs des bataillons que commandait le général Okolowich, parmi lesquels se trouvait le bataillon des Vengeurs de la République, prennent la fuite devant l'ennemi. Le général se trouve seul avec une trentaine d'hommes qu'il fait déployer en tirailleurs. Bloqué de toutes parts, il lui faut user de ruses inimaginables pour ne pas être fait prisonnier. Pendant une course de six heures, il escalade dix-sept à dix-huit murailles. Cerné de nouveau dans le parc de Neuilly, il en sort encore en franchissant la grille. Il n'avait plus que trois hommes avec lui. Tous les autres avaient été tués.

Quand il reparut au camp, le bruit de sa mort était déjà répandu partout.

Trois jours après cet exploit, on tentait encore d'assassiner le général. Son cheval seul fut atteint. Okolowich monta dans une voiture, et au moment où il allait franchir la porte pour rentrer dans Paris, le cheval qui le conduisait tomba frappé de trente-sept balles.

Le 26, il était grièvement blessé, dans les bureaux de l'armement, par une balle de revolver Galant, au moment où la Commune allait le nommer ministre de la guerre.

On en voulait tant au général Okolowich parce qu'on le soupçonnait d'avoir des relations avec Versailles, ce qui était vrai, d'ailleurs, comme nous le raconterons bientôt.

Puis, ses manières de procéder peu révolutionnaires déplaisaient à des révolutionnaires tels que Tridon, Delescluze et Vallès.

Au moment d'engager une action, le général Okolowich disait à ses hommes : « Que ceux qui ne combattent pas ici de bon gré pour la République s'en aillent ; » et chaque jour les rangs de son corps d'armée s'éclaircissaient.

Cela devait nécessairement déplaire aux hommes qui voulaient contraindre tout le monde à marcher. *Inde iræ.*

Le général Okolowich a été fait prisonnier, lors de l'entrée des troupes de Versailles à Paris, dans l'ambulance de l'Internationale où il avait été transporté.

XII

Arrestations d'Assi, de Bergeret et de Cluseret. — Interrogatoire de Bergeret.

Concurremment à ce que nous venons de raconter, une petite révolution s'accomplissait à l'intérieur de l'Hôtel-de-Ville. Assi, un des membres les plus influents de la Commune et du Comité central, était mis en état d'arrestation. Presque en même temps Cluseret faisait arrêter Bergeret et était lui-même bientôt après emprisonné.

Des charges très-graves pesaient sur Assi.

On l'accusait : 1º d'avoir détourné des fonds qu'on lui avait confiés; 2º d'avoir ouvert des caisses dans l'Hôtel-de-Ville sans faire dresser l'inventaire de ce qu'elles contenaient; 3º d'avoir entretenu des correspondances suivies avec le gouvernement bonapartiste; 4º de recevoir de l'argent du gouvernement pour rendre compte des séances du Comité central. On fixait le chiffre de la somme payée : 15 francs par séance. Nous avons su plus tard que c'était au *Paris-Journal* qu'Assi donnait ses comptes rendus.

On avait trouvé également, disait-on, chez une actrice qu'il fréquentait, Mlle Anna Deslions, des papiers fort compromettants.

C'en était plus qu'il ne fallait pour faire arrêter et emprisonner un homme.

Aussi le gouverneur de l'Hôtel-de-Ville voit-il, un soir, à son grand étonnement, deux membres de la Commune et des gardes nationaux pénétrer chez lui, entourer sa table et cerner les issues de son bureau.

Cette vue lui cause une telle impression qu'il perd presque connaissance. Il devient livide.

— Citoyen Assi, dit un des membres de la Commune, au nom de la Commune, que vous avez trahie, je vous arrête.

Assi peut à peine balbutier quelques mots et ne cherche à faire aucune résistance. Il remet ses armes au membre de la Commune, sans oublier le fameux poignard qui ne l'abandonnait jamais, ce qui fit rire les assistants.

Assi avait gouverné l'Hôtel-de-Ville en despote intraitable. Il voulait donner des ordres à tout le monde, même à l'état-major de la garde nationale.

Bergeret dit un jour, en montant dans sa voiture de mariée pour aller en guerre et en recevant un ordre du gouverneur de l'Hôtel-de-Ville :

— Je n'ai pas d'ordre à recevoir de Monsieur Assi.

Assi répondit aussitôt par écrit :

« Pendant le siége de Paris les généraux obéissaient à Trochu. Trochu était gouverneur. Je suis gouverneur comme lui. »

Cette réponse fit beaucoup rire Bergeret et son état-major.

Assi fut incarcéré d'abord à l'Hôtel-de-Ville, dans une chambre à coucher, puis transporté à Mazas en attendant son interrogatoire.

Comme il se plaignait de la façon dont on le traitait, quelqu'un lui répondit :

« Vous êtes bien difficile. Sous votre règne on y mettait moins de forme. »

Le malheureux Bergeret suivit de près Assi, qu'il cherchait à imiter en tout.

Depuis sa mésaventure du Mont-Valérien, cet infortuné général était inconsolable. Il ne tarissait pas en injures contre Cluseret qu'il accusait de déloyauté et de trahison.

Ces propos vinrent aux oreilles de Cluseret, qui se fâcha et chercha à se venger.

Quelqu'un alla avertir Bergeret et lui recommander d'être plus prudent.

— Je suis membre de la Commune, dit-il, je suis général, j'ai bien autant de pouvoir et d'influence que *Môsieu* Cluseret.

Mais celui-ci était ministre de la guerre. Il fait

venir Bergeret à l'Hôtel-de-Ville, sous prétexte de s'expliquer avec lui sur des sujets très-graves, et là il l'accuse : 1° d'avoir désobéi à son commandement supérieur; 2° d'avoir dénigré sa personne; 3° d'avoir mal exécuté l'attaque du Mont-Valérien et d'avoir causé tout le désastre; 4° d'avoir donné le mot d'ordre le soir, sans en avoir l'autorisation. En dernier lieu, Cluseret ne reconnaissait pas à Bergeret le droit d'être général et de signer général Bergeret, puisqu'il avait supprimé ce grade par un décret.

— Pourquoi vous permettez-vous alors de signer général Cluseret? répondit Bergeret.

— Oh! dit Cluseret, mes titres à ce grade ne datent pas d'aujourd'ui, et j'estime qu'ils ont une plus grande valeur que les vôtres.

— Si c'est votre opinion, ce n'est pas la mienne, répliqua Bergeret. Mon titre vaut mieux que le vôtre, attendu que je l'ai reçu de la vraie République.

— Le délégué à la guerre vous accuse, citoyen Bergeret, dit un membre de la Commune, d'avoir mal exécuté ses ordres. Défendez-vous.

— Je lui ai toujours obéi en tant que délégué à la guerre; mais comme j'ai toujours cru qu'étant moi-même le général commandant la place de l'état-major, j'étais le chef du mouvement, j'ai pensé que je ne devais recevoir ses ordres que comme ministre et non comme commandant en chef.

— C'est un moyen comme un autre pour se soustraire à l'obéissance, réplique Cluseret.

— Quant à l'obéissance, vous ne m'en remontrerez pas, dit Bergeret. J'ai servi et je sais ce que c'est.

— Vous avez servi comme sergent, répond Cluseret.

Bergeret pâlit de colère.

— Et vous, comme un homme sans patrie, s'écrie-t-il, et je m'étonne de la confiance que l'on vous accorde ici. Car, en définitive, à partir de l'Internationale, qu'avez-vous fait de plus que moi; qui vous donne le droit aujourd'hui de me malmener? J'en suis sûr, il y a là un point de jalousie contre moi que je tiens à éclaircir.

— Jaloux de vous, dit Cluseret en caressant flegmatiquement sa barbe, et pour quel motif?

— Parce que mon nom vous porte ombrage. Du reste, je suis membre de la Commune, et je me considère comme inviolable. Je n'ai jamais abusé de ma position pour m'enrichir.

Cluseret devint blême.

— Tout cela n'est pas répondre, dit-il brusquement. Je demande à la Commune de continuer l'interrogatoire.

— Mais, dit un des membres, vous n'avez pas

encore parlé de l'affaire du Mont-Valérien. Je tiens avant tout à éclaircir ce fait.

Ici la discussion s'envenime. Cluseret se défend vivement d'avoir conseillé la « promenade militaire » à Versailles.

Bergeret proteste. Il se fait fort de prouver qu'elle avait été convenue entre lui, Rossel et Cluseret. Tous ignoraient également dans quelle position le fort se trouvait.

Les vociférations, les injures, les menaces deviennent tellement vives qu'il est bientôt impossible de s'entendre.

— Enfin, put crier Cluseret, vous avez dit sur mon compte des choses qui m'autorisaient à vous faire arrêter sans plus de formalités.

— Même sans le consentement de la Commune? dit Bergeret.

— Certainement.

Ici les cris redoublent. Les membres de la Commune s'en mêlent. Ils invectivent Cluseret, à qui ils reprochent d'empiéter sur leurs droits; ce qui ne les empêche pas de maintenir en état d'arrestation le bouillant Bergeret.

Néanmoins la discussion qui venait d'avoir lieu fut nuisible à Cluseret. La Commune se défia de lui. Elle fit faire une enquête sévère sur son existence antérieure, et le ministre de la guerre fut l'objet d'une surveillance assidue.

Deux ou trois jours après il était accusé d'avoir été nuitamment à Versailles.

N'ayant pu donner des explications claires et franches, il fut enfermé dans une des salles faisant face à la salle des maires, et de là transporté à Mazas pendant la nuit.

Il suivait de près sa victime, l'infortuné général Bergeret.

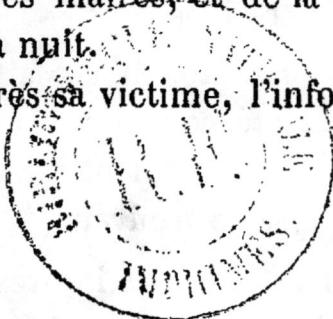

XIII

Les fédérés à l'extérieur. — Le colonel Seguin à l'ambulance
de l'Internationale. — Le citoyen Michel, inspecteur général des prisons de la Seine, chez Peter's.

On a déjà pu voir que la principale vertu des
hommes de l'Hôtel-de-Ville n'était pas la politesse. Gonflés d'orgueil, abasourdis d'être enfin
quelque chose, eux qui n'avaient encore rien été,
ils voulaient faire sentir à tout le monde leur pouvoir. Jamais tyran de l'antiquité, jamais procu-
reur romain débauché et avide ne s'est montré
plus absurde qu'eux et n'a poussé si loin l'intolé-
rance et le despotisme.

Nous avons groupé dans ce chapitre deux ou
trois scènes fort caractéristiques et prises sur le
vif. Il s'en est passé mille de ce genre pendant le
règne de la Commune.

Un jour le colonel Seguin, chef de légion, se
présente à l'ambulance de l'Internationale, aux

Champs-Élysées, et demande hautainement et brutalement à voir un blessé qu'il connaît.

Les employés cherchent sur le registre et ne trouvent pas le nom du fédéré.

Il n'est pas dans cette ambulance, répondent-ils poliment.

— Ah! il n'est pas dans votre ambulance, hurle Seguin, eh bien! je fais arrêter toute la maison si on ne le trouve pas. Qu'on m'amène ici le directeur de l'ambulance!

Le colonel était suivi d'une douzaine d'officiers entassés dans deux fiacres qui l'attendaient en bas.

M. le docteur Chenu, entendant le tapage, vient demander ce qui se passe et cherche à calmer la colère du porte-galons. Mais c'est en vain. Ses paroles ne font que la redoubler.

Il s'adresse alors à M. Anatole Okolowich, qui était venu soigner son frère à l'ambulance, et le prie d'intervenir.

Pendant ce temps-là le colonel Seguin était entré en triomphateur dans le bureau de l'ambulance et feuilletait lui-même les livres.

Les employés le regardaient faire, anxieux et tremblants.

— Qui m'a f.... des livres comme cela? s'écrie tout à coup le colonel en frappant du poing sur la table. On n'y comprend absolument rien. Je vais faire changer tout ce personnel.

Et l'officier fédéré se redresse, la main fièrement posée sur la hanche et roulant autour de
lui des yeux bouffis d'orgueil et de suffisance.

A ce moment arrive Anatole Okolowich, qui lui
enlève brusquement le livre des mains.

Seguin recule de quelques pas.

— Qui êtes-vous donc, dit-il, pour oser prendre
avec moi de pareilles licences?

— Le frère du général Okolowich, qui est
blessé et que vous empêchez de reposer. Je viens
pour vous donner une leçon de politesse dont
vous avez grand besoin.

Le colonel paraît un peu décontenancé, mais
il n'en continue pas moins à gesticuler et à voci-
férer.

Okolowich demande aux employés si le blessé
qu'on leur a réclamé se trouve à l'ambulance, et
ceux-ci ayant répondu négativement, il se tourne
vers le colonel et lui dit :

— Vous avez entendu; votre blessé n'est pas
ici. J'espère que vous allez vous retirer.

— Il me semble que vous me mettez à la porte,
répond le colonel.

— Pas précisément, reprend Okolowich en
souriant; mais épargnez-moi, mon cher colonel,
la peine de le faire.

Cela était dit d'un ton si moqueur, devant près
de deux cents personnes, que le glorieux Seguin
ne savait quelle contenance faire.

Il fait quelques pas pour sortir, mais il se ravise et se tournant vers M. Okolowich :

— On sait parfaitement que vous n'êtes que des Versaillais, lui dit-il, et j'ai reçu aujourd'hui même un mandat d'arrestation contre toute la famille. Cependant vous voyez que je n'en use pas.

Okolowich se mit à rire, et saisissant le bras de Seguin :

— Vous savez que j'ai promis de soigner moi-même mon frère jusqu'à sa guérison; pensez-vous que je pourrai obtenir la faveur de l'emmener avec moi?

Le colonel n'en entendit pas davantage et disparut.

Un autre jour, le citoyen Michel, inspecteur général des prisons de la Seine, chargé de galons et de broderies des pieds à la tête, se présente au restaurant Américain.

Il commande à souper et est bientôt rejoint par Varlin et quelques autres qui demandent de la bière.

Au moment de sortir il crie au garçon d'apporter la note de tout ce qui a été consommé.

Le garçon revient un moment après et lui présente la note, comme c'est l'usage, sur un plateau.

— Qu'est-ce que cela? dit Michel, inspecteur général des prisons de la Seine.

— C'est la note que vous m'avez demandée, répond le garçon.

— Je le vois bien, mais je ne vous avais pas demandé de plateau.

Puis, après avoir lu et relu la note, l'inspecteur général des prisons de la Seine se lève et prenant un ton solennel :

— Garçon, dit-il, allez me chercher le patron. Connaît-il Mazas?

Le garçon, ahuri, répond que M. Peter's est couché.

— Qu'on le lève, dit Michel, ou qu'on m'amène le gérant.

Ce dernier se présente.

— Vous voulez donc que je vous fasse conduire à Mazas? s'écrie l'inspecteur général des prisons de la Seine.

— Pourquoi cela, Monsieur?

— Parce que vous êtes tous des voleurs. Je fais emprisonner toute la maison si on ne me diminue pas ma note.

Le gérant se retire et revient un instant après avec une diminution de 10 francs sur une note de 50.

Michel prend son képi, et faisant le tour de ses amis :

— C'est cinq francs chacun, dit-il.

Quelqu'un lui fait observer qu'il se fait remarquer bien inutilement.

— Quand on vient ici la nuit, dit-il, on doit savoir que les consommations sont plus chères que dans le jour.

— Monsieur, lui répond l'inspecteur général, je suis révolutionnaire, et je fais de la révolution partout. Nous ne saurons jamais trop en faire.

Et sur ce mot on sortit du restaurant au milieu des sourires moqueurs des autres consommateurs.

XIV

Un coup d'État se prépare. — Le Comité central veut renverser la Commune et ressaisir le pouvoir. — Première réunion des colonels de la garde nationale au ministère de la
guerre, — puis dans la salle du Comité central.

Cependant quelques points noirs commençaient
à charger l'horizon de la Commune. Le Comité
central, affligé de toutes les sottises qu'il lui
voyait commettre, agissait et ne cherchait qu'une
occasion favorable pour ressaisir les rênes du
pouvoir, qu'il avait si imprudemment remises
aux mains de Delescluze et consorts.

L'arrestation du général Cluseret faillit offrir
cette occasion.

Son chef d'état-major, Rossel, voulut profiter
de l'emprisonnement de son supérieur pour réor-
ganiser, ou plutôt désorganiser les bataillons de
la garde nationale.

Il voulait, disait-il, en former des régiments. Il pensait que des bataillons de 1,500 hommes ne pouvaient pas aussi bien marcher que des régiments de 3,000 hommes. Puis, comme il ne portait pas d'uniforme, il fit arrêter tous les officiers d'état-major qu'il trouva munis de galons et de boutons jaunes.

Ces façons d'agir déplurent aux colonels de légion qui refusèrent de reconnaître Rossel et qui déclarèrent qu'ils ne marcheraient pas si le Comité central ne prenait en main la direction des affaires militaires.

Dix-huit colonels sur vingt avaient adhéré à ce programme.

Le citoyen Mayer, organisateur des légions, fait savoir que l'on se réunira, le 7 mai, à onze heures du soir, dans la salle des Comptables, bureaux de la guerre, 86, rue Saint-Dominique-Saint-Germain, et que là on délibérera sur les résolutions à prendre à l'égard de la Commune.

Tous les colonels, plusieurs lieutenants-colonels, chefs et sous-chefs de légion se trouvèrent à ce rendez-vous.

Le citoyen Allix, membre de la Commune, est nommé président de la réunion; le colonel Boursier, du Comité central, et le colonel Mayer, chef de légion, sont élus assesseurs.

Le citoyen Allix prend le premier la parole, et,

dans un exposé assez embrouillé, il développe les principes et les idées de la Commune. Il vante ensuite outre mesure les talents et les qualités du citoyen Rossel.

— Vous n'avez pas confiance en lui, dit-il, vous craignez qu'il ne nous trahisse. Mais, dans tous les cas, la Commune est là qui veille. Qu'avons-nous besoin du Comité central ?

Le citoyen Léon Brin demande la parole.

— Le citoyen Allix, fait-il d'un air railleur, veut-il bien me permettre de lui exposer clairement et sincèrement ce qu'est le Comité central aux yeux de la garde nationale de Paris ? C'est sa garantie morale vis-à-vis de la Commune.

— Et même pas autant que cela, dit Allix.

— N'interrompez pas, s'il vous plaît, crie un colonel.

— J'y suis habitué, dit Léon Brin ; et puis Allix est membre de la Commune. (Vive hilarité.) Je continue. En outre, le Comité central est, par devant tous les gouvernements, responsable de ce qui se passera.

— Pour quelle raison ?

— Parce que c'est lui qui était gouvernement de Paris au 18 mars ; parce que c'est lui qui a fait tous les efforts qu'il était possible de faire pour empêcher la Commune de commettre tant de sottises, sans pouvoir y réussir ; parce que c'est lui qui a créé la Commune, qui n'est plus que sa fille perdue.

Approbation et rires de tous côtés. Le citoyen Léon Brin est entouré et vivement félicité.

Quant à Allix, il pâlit et se mord les lèvres.

La séance se termina par des preuves apportées de toutes parts de la mauvaise gestion de Cluseret et de Rossel, et il fut décidé qu'on irait dès le lendemain à l'Hôtel-de-Ville.

Le citoyen Allix fut chargé de faire part de la résolution de l'assemblée à la Commune et principalement au Comité de salut public.

En sortant de cette séance, qui s'était terminée fort orageusement, les colonels se transportent au Comité central, réuni dans la grande salle du ministère, sous la présidence de Gaudhier.

Le général Du Bisson demande la parole. Il a la figure légèrement contractée et on sent que quelque chose de grave va se passer. On fait silence aussitôt.

« C'est la dernière fois, dit le général, que je prends la parole, et si cette fois le Comité central refuse de montrer de l'énergie et du savoir-faire, j'aurai l'honneur de déposer ma démission. J'abandonnerai ces galons qui me pèsent.

« Il faut que le Comité central sache que tous les hommes abandonnent leurs postes, que les chefs sont découragés, qu'il est temps de traiter, ou que dans huit ou dix jours il faudra succomber. »

— Le Comité central, dit ensuite le citoyen Lenfant, a fait une faute tellement grave en laissant la direction des opérations militaires à la Commune, qu'il ne lui reste plus une minute à perdre.

« Si la Commune ne veut pas se conformer à nos volontés, parbleu! ce sera l'affaire d'un quart d'heure. Il faut, en définitive, qu'elle sache bien que nous représentons ici la force armée et que nous pouvons l'arrêter dans sa marche de désordre. »

Un des colonels dit qu'avec quelques bataillons, ce coup de main peut se faire sans bruit. Or, nous en avons plus de cent pour nous et qui sont prêts à nous obéir au premier signal.

Le citoyen Allix, qui avait suivi les colonels, était présent à cette discussion.

Il s'était tenu coi jusqu'alors, mais il demanda tout à coup la parole.

— En sévissant ainsi contre la Commune, ne craignez-vous pas, dit-il, une espèce de révolution? S'il y a dans la garde nationale des bataillons dévoués au Comité central, la Commune peut bien compter aussi sur quelques-uns.

— Comment, vous, un homme d'un certain âge déjà, répond au citoyen Allix le colonel Combatz, vous pouvez vous faire illusion à ce point? Cela nous donne bien une idée de l'esprit de la Commune.

« Comment, vous nous voyez ici dix-huit colonels sur vingt, sans compter les lieutenants-
colonels qui représentent en nombre les états-majors, et vous pouvez être assez aveugles pour ne
pas voir qu'il nous faut une modération que vous
ne possédez pas pour qu'il n'en résulte pas des
désordres regrettables !

— La Commune de Paris, ajoute le citoyen
Léon Brin, qui ne peut certainement pas avoir la
prétention d'être l'expression de Paris, car elle n'a
encore rien fait de sensé, doit se retirer sur-le-
champ. Quant au Comité central, il faut qu'il
montre toute la fermeté et toute l'énergie dont il
est capable. Ce n'est pas en laissant aller les choses à l'abandon qu'il parviendra à éviter l'effusion de ce sang qui nous est si précieux. Il ne
faut pas oublier que les deux ennemis qui se
trouvent en présence sont des Français.

Le citoyen Lacord s'élance brusquement vers
la tribune.

— A quoi bon tant de discours? dit-il. Est-ce
qu'ils en valent la peine? Qu'est-ce donc qui
compose la Commune? Qu'est-ce que c'est que
cette bande de pierrots que le peuple est allé
dénicher je ne sais où?

Tout le monde rit.

— Que le Comité central, reprend Lacord, ait
donc une fois dans sa vie le courage de son opinion et qu'il prouve qu'il existe! S.... n.. d. D...,

que quelques-uns d'entre nous se mettent avec moi et Boursier, et nous nous chargeons de coller tout ça à Mazas. Ça devient dégoûtant, à la fin.

Allix se lève furieux.

— Si vous mettez la discussion sur ce ton, crie-t-il, ma présence n'est guère nécessaire ici. Je vous demande la permission de me retirer.

— Oh! répond Lacord, restez au contraire, et que la Commune soit instruite, une fois pour toutes, de la triste opinion que tout le monde a d'elle.

Le membre de la Commune, trouvant qu'il était plus sage de rester de bon gré que de s'y laisser contraindre, s'assit et écouta patiemment le reste de la séance.

Plusieurs colonels vinrent se plaindre de Rossel sur des griefs plus ou moins fondés.

Au moment où on allait se retirer, le citoyen Arnold, membre de la Commune et de la commission militaire, entr'ouvrit la porte, et, après s'être excusé d'être entré aussi brusquement, il demanda la parole.

— Je ne comprends pas, dit-il de sa petite voix aigrelette, pourquoi le Comité central s'amuse continuellement à discuter. Il serait bien plus urgent de se diviser en commissions et de travailler sérieusement.

— Des commissions! des commissions! répli-

qua un colonel, vous n'avez fait que cela dans la
Commune, et Dieu sait comment vous travaillez.
C'est du propre !...

— Oh! dit Arnold, je voudrais bien vous y
voir.

— Certes, je ne le désire pas, répondit en riant
le colonel ; vous savez ce qu'il en coûte à fréquen
ter des fous enragés. On attrape la maladie.

— Merci, dit Arnold, vous êtes poli.

— Poli! reprit le colonel, ce temps-là est bien
passé.

— Respectez au moins mes fonctions, réplique
le membre de la Commune.

— Ah ! il faut voir comme vous les interprétez
ces fonctions, dit en riant encore plus fort le colonel. On voit bien que vous étiez né pour toute
autre chose.

Tout le monde se mit à rire, excepté Arnold
qui roulait des yeux furieux et Allix qui grinçait
des dents.

— Il serait temps, citoyens, de prendre une
détermination, dit le président. Il est deux heures et demie, et si nous voulons aller de bonne
heure à l'Hôtel-de-Ville, il faut en finir.

Après quelques discussions, on décida qu'on
se réunirait, à onze heures du matin, au café de
la garde nationale, qui fait le coin de la place de
l'Hôtel-de-Ville, et que de là, on se rendrait en
députation à la salle des séances de la Commune.

XV

Au café de la Garde nationale. — Coup de main tenté par
Rossel. — Réponse du Comité de salut public au Comité
central dans l'Hôtel-de-Ville. — Réponse de la Commune
au Comité dans la salle de bal de la mairie du 1er arrondissement. — Incident Lullier.

Le lendemain, tout le monde se trouva au rendez-vous.

Avant d'entrer à la Commune, il fallait s'entendre une dernière fois et préciser par écrit les
questions que l'on devait discuter avec les membres du Comité de salut public.

On se réunit au premier étage du café de la Garde
nationale. Le citoyen Moreau monte sur une
table.

— Que tout le monde jure, dit-il, qu'on ne
s'écartera pas de nos conventions, que nous y
resterons fidèles et que nous irons jusqu'au bout,
jusqu'à la force, s'il y a lieu.

Cette proposition est acclamée et on se serre la

main en s'embrassant. On eût dit un nouveau
serment des Girondins.

Pendant que tout cela se passait, Rossel ne
perdait pas de temps. Il avait été averti de la réunion des colonels et avait donné ordre à la place
d'envoyer quatre cents hommes pour arrêter les colonels, les lieutenants-colonels et les membres du
Comité central ; mais comme le compère de Cluseret n'était guère aimé, on n'avait obéi à son ordre que fort lentement, et l'assemblée était déjà
dispersée quand les gardes nationaux vinrent
pour l'enlever.

Ce fut un grand bonheur pour elle, car Rossel
n'y allait pas de main morte en fait d'arrestation,
et, d'après les dispositions qu'il avait prises, on
voit assez quel était le sort réservé aux membres
du Comité central et aux chefs de la garde nationale.

L'aspirant ministre de la guerre avait fait disposer dans le ministère, du côté des remises, un
peloton d'exécution, presque une compagnie,
destiné à le débarrasser promptement des gens
qui le gênaient.

Le Comité central avait une police tellement
bien faite qu'il ne sut tout cela que quelques
jours après.

Au moment où la réunion allait quitter le café,
à une heure, et se rendre à l'Hôtel-de-Ville, on
vient lui annoncer que le Comité de salut public

demandait le colonel Boursier, le principal insti-
gateur, avec Mayer, de cette espèce de révolution.

Boursier prend une voiture et se rend à l'Hôtel-de-Ville. Là, on lui allègue des motifs plus
ou moins sérieux de désobéissance et on le déclare en état d'arrestation.

Il passait sur la place de l'Hôtel-de-Ville au
moment où ses amis sortaient du café. Il crie
vainement au cocher d'arrêter et leur fait signe.

Le citoyen Léon Brin franchit au galop une
barricade et arrive jusqu'au colonel.

— Qu'y a-t-il? lui crie-t-il.

— On m'arrête sans motif, répond Boursier.
Prenez garde, vous allez tous y passer.

Il n'a pas le temps d'en dire davantage. Il est
aussitôt entouré de gardes nationaux et d'officiers
d'état-major qui fouettent vivement le cheval. On
écarte Léon Brin.

Le soir même, Boursier était écroué à Mazas.

Cet incident modifie les plans du Comité central.

On rentre dans le café. On charge ses armes ;
on envoie chercher des cartouches et on marche
sur l'Hôtel-de-Ville à main armée. On se présente
dans la salle des séances de la Commune, la
main, qui sur son sabre, qui sur son revolver.

On croyait que la Commune aurait fait au
moins au Comité l'honneur de l'attendre. Il n'en

était rien. On cherche vainement depuis le couloir jusqu'à la chambre des maires et dans la salle du trône ; on ne trouve personne.

Enfin, au bout de trois quarts d'heure d'attente à peu près, le citoyen Léo Meillet vient annoncer que le Comité de salut public va daigner recevoir les colonels et les membres du Comité central.

Le citoyen Ranvier vient dire, de son côté, que la Commune a mis à l'étude, dans la matinée, les propositions du Comité et qu'on les discute encore.

En effet, on entend bientôt des cris et des discussions. La Commune n'était pas loin.

— Voici les membres du Comité de salut public, crie enfin un colonel, d'un ton moitié ironique, moitié solennel.

Tout le monde se dresse comme mû par un ressort.

— Allons, dit Léon Brin, voilà déjà le Comité impressionné. On va encore sortir de là sans résultat.

Le Comité de salut public, formé de Geresme, Felix Pyat, Ranvier, fait son entrée.

On se salue et on se serre la main.

Félix Pyat est nommé président. On lui donne comme assesseurs Ranvier, Geresme, Léo Meillet et le citoyen Allix — qui est toujours là..

Le citoyen Félix Pyat doit répondre au Comité central.

Le citoyen Moreau est chargé de parler au nom des colonels et du Comité.

Félix Pyat est pâle et ému.

— Avant d'entamer cette discussion, dit-il d'une voix faible, je tiens à vous exprimer mes sentiments personnels à l'égard du Comité central.

« Vous savez combien je l'ai toujours aimé combien je lui ai toujours été favorable. C'est ce qui m'a valu de nombreuses contestations avec les membres de la Commune, laquelle, à l'heure où je vous parle, n'a pas encore accordé ce que je désire de tout mon cœur : la remise de l'administration de la guerre entre les mains du Comité central. »

La voix du citoyen Félix Pyat est tremblante.

On lui avait dit, un instant avant d'entrer en séance, que le Comité central et les colonels étaient venus en force et qu'ils avaient l'intention d'arrêter, d'abord le Comité de salut public, puis la Commune tout entière.

Il déclare la séance ouverte et prend la parole.

— Citoyens, dit-il, la circonstance est des plus graves et les moments sont précieux. Le Comité de salut public accepte la proposition qui lui est faite.

Vive approbation, suivie de ces mots : « Enfin !
enfin ! »

— Mais à une condition, ajoute le membre de
la Commune.

— Ah ! il y a une condition ?

— Cette condition, la voici, citoyens. La Commune vous impose le choix du citoyen Rossel
comme chef des opérations militaires. La Commune entend le maintenir et il ne devra pas être
soumis à la sanction du Comité central.

— Très-bien, dit Lacord ; voilà qui est bien
joué. C'est parfait.

Le citoyen Allix demande la parole et raconte,
d'une voix qu'il cherche vainement à rendre
calme, que la Commune est obligée d'en agir
ainsi, sinon elle perdrait toute influence, et alors
que deviendrait-elle ?

— Voilà, du moins, répond un colonel, ce qui
explique pourquoi la Commune tient tant à mettre ses hommes à la tête du pouvoir militaire.
Elle ressemble beaucoup à un voleur qui associe-
rait son juge à sa mauvaise action en lui pro-
mettant la moitié de ses bénéfices. C'est fort
clair.

— Clair pour vous, dit Allix.

— Clair pour tout le monde, ajoutent plusieurs
voix. C'est incontestable.

— Ce que c'est que d'être en défaut, crie La-

cord. On se figure que l'on. a constamment un
gendarme sur le dos.

— Vos comparaisons ne sont jamais flatteuses,
citoyen Laccord, fait Allix.

— Cela m'est bien égal, pourvu qu'elles soient
justes.

Tout le monde rit.

— Je tiendrais, avant d'aller plus loin, dit le
citoyen Moreau, à exposer d'une manière positive
les désirs du Comité central, aidé de l'assenti-
ment des colonels chefs de la garde nationale.

« La Commune, comme toujours, a fait choix
d'un homme qui certainement nous portera
malheur. S'il est honnête, il est incapable, et par
conséquent de toute façon il nous perdra. La
Commune a commis déjà, peut-être à son insu,
une très-grande faute en nommant Cluseret ministre de la guerre, et Rossel ne fait que continuer
à suivre la marche qu'a prise Cluseret. En le
maintenant à son poste, la Commune enlève au Comité toute son influence et le met dans l'impossibilité d'agir. Son pouvoir sera sans cesse contre-
balancé par la force que la Commune a mise dans
les mains du citoyen Rossel. La Commune ignore
certainement qu'en agissant ainsi elle se perd et
perd avec elle la République.

— La Commune ne peut cependant pas abandonner tout pouvoir, dit le président. Elle ne

veut même pas que l'administration de la guerre soit soumise à l'examen du Comité central.

— Elle a tort, crient plusieurs voix.

— C'est cela, dit un membre du Comité. La Commune désire nous laisser la plus lourde responsabilité et garder pour elle l'honneur de la direction principale.

— Il faudrait dans tous les cas, pour cela, que notre cause fût victorieuse, et nous sommes encore loin d'avoir obtenu un résultat satisfaisant. Parbleu ! comment la Commune veut-elle arriver à quelque chose de bon en nous imposant une semblable direction ?

— La Commune n'impose rien, répond Allix.

— Mille pardons ! la Commune nous impose quelque chose lorsqu'elle maintient au commandement supérieur le citoyen Rossel.

— Je vais vous donner une idée des soins que la Commune a apportés à la défense, dit avec son air railleur le citoyen Lacord, et vous montrer quelle valeur ont les polichinelles que la Commune a choisis pour généraux.

— Soyez un peu plus respectueux, Lacord, répond Allix.

— Jamais ! jamais ! Et ce n'est pas tout. Vous allez voir.

— L'autre jour, Lisbonne, le grand Lisbonne, part à Neuilly. Il emmène avec lui six pièces de douze. Savez-vous combien il y avait de munitions pour chaque pièce? Vous ne pourriez jamais vous l'imaginer. Devinez?

— Dites!

— Eh bien! chaque caisson emportait un obus et une gargousse. Je dois cependant ajouter qu'il y avait une quantité fabuleuse d'étoupilles, sept ou huit cents, au moins. Vous savez qu'il n'en faut qu'une pour chaque coup de feu!

A cette révélation inattendue, les éclats de rire deviennent tellement bruyants qu'il est impossible de s'entendre.

Un membre de la Commune, le citoyen Urbain, vient annoncer au Comité de salut public que la Commune lui laisse toute la responsabilité de ses actes, et, qu'avant de se prononcer sur un motif aussi grave que celui qui est en cause, elle exige une nouvelle séance.

Lacord réclame la parole.

Rousseau la demande en même temps.

— Laissez-moi parler, dit Lacord, vos idées ressemblent trop souvent à de la crème fouettée. Des hommes politiques comme nous seraient capables de rendre des points au débonnaire Louis-Philippe.

— Mais, s'exclame Rousseau, si vous parlez toujours tout seul, comment diable voulez-vous discuter?

— C'est, parbleu! bien ce qu'il faut éviter. C'est pourquoi je tiens absolument à passer avant vous. On connaît assez vos opinions à l'eau de guimauve. On n'a rien à y gagner.

« Je demande à l'assemblée la permission de résumer en quelques mots la situation critique dans laquelle nous nous trouvons tous. Comme la Commune ne songe qu'à contre-carrer nos désirs, il en résulte que la défense commune en souffre. Une honteuse défaite sera bientôt la conséquence de tout ce désordre.

— Oh ! dit Ranvier, à la façon dont vous parlez, on croirait que les Versaillais sont à nos portes.

— Mais ce n'est pas ma faute, ajoute l'orateur, si vous ne faites pas votre possible pour vous rendre un compte exact de la situation et si vous oubliez la longue vue du bon sens. (Hilarité.)

— Ce n'est guère le moment de rire, reprend Allix.

— Oh ! non, répond Lacord, mais ce qui donne envie de pleurer, au contraire, c'est de vous voir tourner dans un cercle vicieux, comme des oies qui ont avalé des épingles ou reçu des coups de bâton sur le derrière de la tête.

A cette saillie, les éclats de rire redoublent, et ce n'est qu'au bout de quelques minutes qu'on peut reprendre les débats, si toutefois ces sortes de conversations à bâtons rompus méritent le nom de débats.

Le bureau se fâche.

Quant à Lacord, il demeure impassible. Du

reste, il ne rit jamais de ses sorties. Il laisse rire les autres.

Félix Pyat se lève :

« Citoyens, dit-il gravement, je vois que les instants s'écoulent en pure perte.

— Il y a longtemps qu'ils *s'écroulent* sur la tête des imbéciles qui veulent à toute force conduire les autres, riposte aussitôt l'incorrigible Lacord.

— Enfin, continue Félix Pyat sans faire attention à cette interruption, il faut à cette question une solution immédiate. C'est, du reste, ce que vous nous demandez.

— Certainement, disent plusieurs colonels.

— Eh bien! nous allons retourner à la Commune, et nous vous rendrons réponse tout à l'heure.

— Fixez au moins une heure de rendez-vous.

— Je ne puis le faire sans consulter la Commune.

— Il nous semble qu'après dîner on peut nous donner une solution.

— Croyez-vous qu'en voilà des longueurs, crie Lacord. C'est là toute leur diplomatie. C'est comme cela depuis le commencement.

Enfin, on convient que le Comité central recevra sa réponse à dix heures du soir, dans la salle de bal de la mairie du premier arrondissement.

On attendit depuis dix heures jusqu'à minuit, et on ne vit entrer dans la salle que le citoyen Lullier, à moitié ivre.

Après son arrestation, on s'était contenté de lui enlever ses galons et on l'avait mis en liberté.

Depuis ce moment, il cherchait une occasion pour se disculper devant le Comité central, qui l'avait nommé général.

Dès qu'on s'aperçoit de sa présence dans la salle, on le prie de se retirer, mais Lullier monte à la tribune et dit :

— Je demande au Comité central quels motifs il allègue pour m'expulser ainsi.

— Ces motifs sont des plus sérieux, répond le citoyen Moreau, et le citoyen Lullier ferait beaucoup mieux de se retirer que de soulever une question aussi intempestive. Il n'ignore pas qu'on l'a accusé de savoir que le Mont-Valérien n'était pas à nous et de ne l'avoir pas dit.

— Mais, dit Lullier, c'est justement sur ce motif, que je demande à éclaircir, que je désire la parole.

— Non ! non ! crient plusieurs voix. Vous êtes la cause d'un grand malheur.

— Jamais ! répond Lullier, je ne suis pas coupable. Ce n'est pas moi qui ai conseillé l'expédition sur Versailles.

Sa voix est couverte par les clameurs, et il est obligé d'évacuer la salle. Il le fait en grommelant.

Cet incident terminé et le calme rétabli, le citoyen Moreau se lève et déclare qu'il va rendre textuellement la réponse de la Commune.

— La Commune, dit-il, accepte nos réclamations et y fait droit.

— Bravo! bravo! On frappe des mains.

— Vous applaudissez trop vite, continue l'orateur. Elle a fait des restrictions sérieuses. Elle maintient Rossel au pouvoir militaire.

— Alors, s'écrie Lacord, c'est absolument comme si nous n'avions rien fait!

— Comment cela?

— Voyons, reprend-il furieux, vous ne comprenez donc pas que Rossel restant ministre de la guerre, vous n'avez pas le droit de faire quoi que ce soit sans lui en parler? Pour moi, la conséquence est grave.

— Pas si grave que cela, crie Rousseau.

— Je reconnais bien là, répond Lacord, votre manière de voir toujours la même. Vous êtes toujours content de tout. Du reste, à cinquante ans, on a l'intelligence *granitée*. Il n'y a rien à espérer de gens comme vous. C'est fini.

— Toujours aimable, dit Rousseau. Heureusement qu'avec de la patience on peut tout digérer.

— Oh! en fait de digestions, il faut que vous

ayez un rude estomac pour absorber aussi facilement tous les pruneaux malpropres que la Commune nous distribue. Peut-on se moquer de nous comme le font tous ces vauriens de la Commune ?

— C'est un pas, dit Moreau.

— Oui, en arrière, répondent plusieurs colonels.

Un colonel monte à la tribune.

— Je regrette d'en arriver à ce que je disais tout à l'heure. Il faut sur-le-champ arrêter la Commune. Il est impossible d'en finir d'une autre manière.

— Mais, dit Rousseau, c'est se porter à des extrémités, et dans un moment aussi grave la chose mérite examen.

— Zut! crie Lacord. Allons nous coucher. Nous avons bien travaillé.

On voit par la séance qui précède, et que nous avons reproduite presque textuellement, quelle était la politique suivie par la Commune à l'égard du Comité. Toujours des hésitations et des retards. Elle cherchait continuellement des faux-fuyants, et le Comité, tiraillé dans tous les sens, sans énergie, sans décision, n'arrivait pas à prendre une mâle résolution qui l'aurait mis à la tête du mouvement et nous aurait peut-être épargné tout le sang répandu et toutes les ruines dont Paris est semé, et qui mettent des haillons au milieu de ses quartiers les plus riches.

XVI

Les Commissions de la Commune. — Leur fonctionnement, leurs exactions.— Félix Pyat et Courbet proposent de détruire la colonne Vendôme.— Le Comité central au ministère de la guerre ; il se reforme et se divise aussi en commissions.

Nous avons dit que la Commune, une fois au pouvoir, n'avait rien eu de plus pressé que de se diviser en commissions, sous prétexte de se partager les travaux du gouvernement. Au lieu de préposer quelqu'un aux commissions, elle préféra faire sa besogne elle-même. De là un gaspillage et un désordre dont il serait difficile de se faire une idée.

Il y avait autant de petits gouvernements, indépendants, absolus, que de commissions, et on comptait dix commissions :

La Commission Exécutive,
—   Militaire,
—   d'Initiative,
—   des Subsistances,
—   des Travaux et Échanges,
—   des Finances,
—   de la Justice,
—   des Sciences et Beaux-Arts,
—   de Sûreté,
—   Médicale.

Ces commissions, formées par des membres de la Commune, n'avaient point, par conséquent, de surveillants.

Elles agissaient, chacune de son côté, absolument à leur guise.

Ceux qui étaient à leur tête pouvaient impunément et sans avoir de compte à rendre à personne, puisqu'ils étaient eux-mêmes leurs propres rapporteurs, « faire des économies » et remplir leurs poches.

Henri Fortuné avait pris pour sa part les Subsistances. Quand il quitta cette commission, on trouva les farines de première qualité que contenaient les greniers d'abondance remplacées par des farines d'une valeur moitié moindre. Qui avait touché l'argent provenant de ce changement? Ce n'était pas la Commune.

Viard et Jourde, qui avaient les Travaux et

Échanges, ont dû faire des détournements considérables. Ils avaient acheté, pour leur compte personnel, sans que cela fût noté sur aucun livre, pour 800,000 francs de cuirs verts provenant des abattoirs.

D'ailleurs, les livres de la Commune, qui les a vus? qui les verra jamais? On les a tous brûlés. C'était bien plus simple.

Que s'est-il passé à la Monnaie, quand on a fondu l'argenterie des églises et des ministères? Personne ne le sait.

On établit plus tard une Commission de contrôle, mais cette commission oublia de fonctionner.

On a vu la Commission des Subsistances acheter des lards et des jambons pris dans les magasins de la Ville de Paris.

On a vu les mêmes tonneaux de salaisons et les mêmes tonnes de lard être vendus trois fois à la Commune. Il en était de même pour les sons et les avoines.

Un charcutier était-il embarrassé de marchandises gâtées ou de mauvaise qualité, il s'adressait en secret à Viard ou à Henri Fortuné.

Le lendemain on se présentait chez lui, avec un bon de réquisition portant le cachet de la Commune. Le marchand feignait de résister et ne livrait sa marchandise que de mauvaise grâce. On lui faisait perdre de l'argent; il lui fallait un escompte, etc., etc. Néanmoins, il obéissait, puis il se présentait à l'Hôtel-de-Ville ou au ministère de l'agriculture pour faire valider son bon, et il s'empressait d'en toucher l'argent, que l'on se partageait en famille.

Voilà comment étaient gérés par la Commune, dont les hommes avaient traité tous les gouvernements de voleurs et de pillards, les intérêts de la capitale!

Que faisait pendant ce temps le Comité central? Toujours humble et poli, la casquette à la main, il demandait timidement à la Commune quatre francs par jour pour chacun de ses membres.

On les lui accorda non sans difficultés et on les paya pendant quelques jours, mais quand on présenta la seconde fois la feuille de solde, Cluseret, à qui on avait attribué 16 francs par jour, la signa de fort mauvaise grâce et déclara que c'était la dernière fois.

Les commissions qui ne volaient pas ne faisaient absolument rien.

Qu'ont fait, par exemple, pour le bonheur de la République, la Commission d'Initiative, la Commission Exécutive, absorbée par le Comité de Salut public, la Commission Médicale et la Commission de la Justice?

Pour la Commission des Finances, elle se contentait de recevoir l'argent des caisses que l'on pillait et de payer les feuilles de solde et les fac-

tures. Quant à se créer des ressources au moyen
de combinaisons financières, elle n'y pensa même
pas.

Pendant que la Commune était ainsi rongée par
ses commissions, qui étaient autant de cancers
qui lui dévoraient les flancs, Félix Pyat et Courbet faisaient de la propagande pour amener la
destruction de la colonne Vendôme.

Ils ne tardèrent pas à trouver des adhérents au
milieu des fous qui les entouraient.

Vainement quelques hommes sensés leur disaient : « A quoi cela vous servira-t-il? Pourquoi
ne pas abattre alors tous les monuments sur lesquels on a sculpté des aigles et toutes les églises?

— Oh! les églises, dit quelqu'un, je voudrais
les voir toutes rasées.

— Et les maisons?

— Flanquez-moi tout ça par terre. C'est la
propriété des réactionnaires. Abolir la propriété,
c'est se débarrasser à jamais des tyrans et des
despotes. C'est comme des patrons; eh bien! je
soutiens qu'un patron ne peut pas être républicain; n'étant pas ouvrier, il ne sait pas ce qu'un
ouvrier endure.

— Voilà un beau raisonnement, dit un membre
du Comité central. C'est senti. Cela s'appelle au
moins être républicain révolutionnaire. Je vous en
fais mon compliment.

Sur ces mots il tourna les talons au membre

de la Commune, qui haussa les épaules en riant.

Après l'arrestation de Cluseret et la réunion des colonels de la garde nationale, le Comité central était revenu siéger au ministère de la guerre et s'en était partagé la direction.

Ne se trouvant pas assez complet à cause des vides qu'y avait fait l'élection de la Commune, il fit appel à de nouveaux élus pris dans les conseils de légion des arrondissements.

Ils se présentèrent en grand nombre.

Il fallait trois élus par arrondissement. Chaque élu devait être ensuite accepté par un vote à main levée.

On parla de se diviser en commissions comme la Commune.

Quelques membres essayèrent vainement de s'y opposer. Le citoyen Léon Brin présenta un travail très-sérieux et très-précis sur la situation dans laquelle on se trouvait, situation qui, disait-il, empirait de jour en jour.

Il supplia le Comité central de ne pas tomber dans les mêmes fautes que la Commune. Il demanda la formation d'un cabinet scientifico-militaire et la création d'un corps diplomatique pouvant entretenir des relations avec l'extérieur et traiter au besoin, si l'on se trouvait jamais dans cette nécessité.

On lui répondit qu'on manquait d'hommes capables.

— Erreur, dit-il, j'en ai sous la main. Invités, comme ils méritent de l'être, ils ne demanderont pas mieux que de nous venir en aide. Je ne vous citerai qu'un nom, c'est celui de M. le baron Dutilh de la Tuque.

— C'est cela, répliqua Fabre, voilà des barons maintenant. C'est sans doute pour nous faire voir qu'il est en rapport avec des barons et des nobles que le citoyen Brin nous dit ces choses.

Ce dernier ne répondit rien ; il se contenta de hausser les épaules avec un sourire de pitié et quitta la séance.

On procéda immédiatement à la formation des commissions. Il y en eut dix comme dans la Commune :

Commission d'Ordonnancement,
 — d'Équipement,
 — d'Armement,
 — de Génie,
 — d'Artillerie,
 — d'Infanterie,
 — de Cavalerie,
 — Médicale,
 — de Contrôle général,
 — d'État-Major.

Ces différentes commissions ne fonctionnèrent guère mieux que celles de la Commune. Nous donnerons plus loin un spécimen de leur manière de procéder.

Revenons au jugement des quatre prisonniers dont nous avons annoncé l'arrestation : Assi, Bergeret, Cluseret et Mayer, emprisonné comme Boursier après la réunion des colonels.

XVII

Interrogatoires des citoyens Assi, membre de la Commune, Bergeret et Cluseret. — Le jugement de ce dernier est remis à un autre jour.

Soit préméditation, soit hasard, Assi se trouvait avoir pour juges des gens qui lui étaient absolument dévoués.

Dès qu'il entre dans la salle, il s'en aperçoit et sa figure s'épanouit.

— Allons, dit-il allègrement, qu'a-t-on à me reprocher?

— On va vous interroger, dit le président.

— C'est bien, répond l'inculpé, je suis prêt à vous répondre. J'ai la conscience tranquille.

— Qu'avez-vous fait des fonds qui vous étaient confiés lorsque que vous étiez gouverneur de l'Hôtel-de-Ville?

— J'ai employé cet argent à faire faire la police secrète tant à Paris qu'ailleurs.

— Pourriez-vous fournir des signatures pour

prouver le nombre des appointements que vous
avez dû payer?

— Comment voulez-vous que je vous donne
ces comptes-là? Vous pensez bien que, bousculés
comme nous l'étions, je n'ai pas eu le temps de
prendre ces précautions.

— C'est cependant par là qu'on doit commencer.

— Est-ce que je savais qu'un jour on m'arrê-
terait comme voleur?

— Les sommes qui vous ont été remises à diverses reprises dépassent de beaucoup les chiffres
ordinaires, et vous saviez que nous n'étions pas
munis d'argent.

— Croyez-vous donc qu'on peut faire faire la
police gratis?

— Non, mais encore ne doit-on pas prodiguer
les fonds qu'on vous confie.

— Les fonds, les fonds... si vous faisiez venir
ici tous ceux qui ont touché des fonds depuis ce
temps-là, je crois qu'ils ne pourraient pas en
donner le compte plutôt que moi.

— Alors, vous ne devez pas de compte de l'argent qu'on vous donne?

— Ou je suis un voleur, ou on doit avoir confiance en moi.

— Ces jours derniers vous avez demandé
20,000 francs à l'intendant, prétextant que vous
aviez un secours à donner à une veuve?

— Eh bien! j'avais, en effet, ce jour-là, des secours à donner à la veuve d'un capitaine tué sur
la place Vendôme.

— Vingt mille francs pour donnner des secours!

— Parbleu! si j'allais demander aux autres ce
qu'ils ont fait de l'argenterie des ministères et
des valeurs trouvées dans les caisses!

— Enfin que signifie cette façon d'être toujours escorté de gardes prétoriennes?

— Étais-je gouverneur, oui ou non? Eh bien!
j'avais le droit de faire ce que je voulais. Je m'en
rapporte à vous, dit l'inculpé en s'adressant aux
membres de la Commune.

— La question est vidée, répondent ceux-ci.

— Permettez-moi de continuer, dit le président. On a trouvé des petits papiers que je n'ai
pas sous la main chez Mlle Anna Deslions, qui
passe pour votre maîtresse.

— Je n'ai rien qui puisse me compromettre.
Qu'on me prouve le contraire.

Enfin, Assi fit tant et si bien qu'il finit par persuader à ses juges qu'il n'était pas plus coupable
que les autres fonctionnaires de la Commune,
et non-seulement il fut acquitté, mais encore on
le nomma sur-le-champ directeur des poudres
et salpêtres de la ville de Paris.

On sait que Bergeret n'avait été arrêté que
d'après les instigations de Cluseret. Les charges

qui pesaient sur lui n'étaient pas fort graves; aussi fut-il favorablement accueilli dès qu'il parut à la barre de la Commune.

Cluseret était emprisonné et suspect; ses précédentes accusations n'avaient plus le même poids.

— Vous êtes accusé d'avoir désobéi à un commandement supérieur, dit le président.

— C'est faux, archi-faux.

— C'est le général Cluseret qui vous en a accusé.

— C'est un misérable, vous le savez aussi bien que moi.

— Il vous reproche également d'avoir dénigré sa personne, et d'avoir élevé légèrement des soupçons contre lui.

— Des soupçons! ses actes prouvent assez que tout ce que j'ai avancé était vrai.

— Qu'avez-vous dit?

— J'ai dit qu'il cherchait à perdre la République; qu'avec un homme comme lui à notre tête nous étions dans la plus triste situation. Enfin, j'ai dit qu'il nous trahirait, et vous verrez si j'ai menti.

— La preuve, c'est qu'il est arrêté.

— Et on n'a pas mal fait. Si vous le connaissiez comme moi, il y a certainement des choses que vous ne pourriez pas lui pardonner. Il mérite d'être fusillé avec Rossel.

— Pourquoi no les avez-vous pas dénoncés plus tôt à la Commune?

— Parce que dans ce moment-là la Commune ne m'aurait pas cru. J'aurais passé pour un mauvais blagueur. Je demande aujourd'hui au tribunal qu'il déclare sur-le-champ si je suis coupable ou non?

— La question va être mise aux voix. L'accusé est-il coupable?

Pas une main ne se lève.

Le président déclare que le citoyen Bergeret est innocent et qu'il mérite d'être indemnisé de ses peines.

Bergeret remercie la Commune et dit qu'il ne demande qu'une chose, c'est être maintenu dans son grade et sa position.

On le lui accorde et on lui assigne comme quartier général le Corps législatif, où il sera chargé de former des régiments de marche.

En même temps on envoie Eudes à la Légion d'honneur avec la même mission.

Il n'en fallait pas davantage pour contenter ces deux enfants.

Comme on le voit, la Commune traitait toutes choses, — même les plus graves, — avec la même légèreté.

Cluseret était beaucoup plus compromis qu'Assi et Bergeret, mais il avait dans l'assemblée des défenseurs très-influents; aussi resta-t-il pendant

tout son interrogatoire dans le calme le plus
parfait.

— Citoyen Cluseret, dit le président, vous êtes
accusé de n'avoir rien organisé dans la garde nationale depuis votre présence au ministère de la
guerre. On prétend que vous l'avez fait avec intention. Pourquoi?

— Comment peut-on envisager les choses à un
point de vue pareil, et croyez-vous qu'il soit possible de marcher avec l'organisation actuelle?
Moi je déclare cela tout à fait impossible.

— Pourquoi tout ce désordre n'a-t-il pas été
réprimé aussitôt après votre nomination?

— Parce que j'ai été trop bousculé. Il n'y avait
pas que cela à faire, du reste; j'aurais bien voulu
vous y voir tous.

— Ce n'est pas notre affaire. La Commune
vous ayant nommé pour la représenter au ministère de la guerre, vous deviez vous y comporter
honorablement; vous ne seriez pas ici aujour-
d'hui.

— Vous m'accusez véritablement comme si
je vous avais trahi.

— Mais on parle aussi de trahison.

— Dans tous les cas, je ne reconnais personne
ici capable de me juger sur ce chef.

— Vous êtes accusé d'être sorti nuitamment
pour communiquer avec l'armée de Versailles.

— C'est faux, absolument faux.

— Mais, dit un membre de la Commune, on vous a vu.

— Qui donc? répond Cluseret.

— Je ne le connais pas.

— Ni moi non plus.

— Il est bien fâcheux, reprend le président, qu'on n'ait pas réuni assez de preuves pour convaincre le citoyen Cluseret, et je demande à remettre le jugement à un autre jour.

— Moi je demande à continuer.

— D'accord, mais il est impossible de donner une solution à cette affaire aujourd'hui.

— Vous m'avouerez cependant que ma position a besoin d'être éclaircie.

— Elle le sera, soyez-en sûr.

— Oui, mais quand?

— Le plus tôt possible.

— Vous pouvez chercher, vous ne trouverez rien contre moi.

— C'est ce que nous verrons. S'il n'y a rien, nous vous mettrons en liberté.

Le président se lève et demande s'il ne serait pas urgent de prononcer le renvoi de l'affaire à un autre jour.

— Un membre de la Commune appuie cette motion, et il demande que Cluseret soit fusillé immédiatement, s'il est reconnu coupable.

La séance est levée et Cluseret retourne à sa prison, où il attend un second interrogatoire.

Pendant ce temps son camarade Rossel ne l'oublie pas. Il fait une active propagande en sa faveur. Il dit bien qu'il ne fera que suivre les traces de son cher maître; que c'est bien à tort qu'on l'a accusé d'incapacité et de trahison. Il répète que c'est lui qui a mis le fort d'Issy en état de défense. Enfin il chante ses louanges sur tous les tons et ne tarde pas à disposer en sa faveur l'esprit si frivole et si changeant des membres de la Commune.

Le colonel Mayer, accusé de désobéissance, fut mis en liberté presque sans interrogatoire.

Tous ces jugements avaient lieu à huis clos et seulement devant quelques membres de la Commune. Aucun profane n'y était admis et il n'était permis d'y prendre aucune note. On ne faisait même pas de procès-verbal.

XVIII

Les commissions du Comité central. — La deuxième commission militaire et le Comité central. — Grande séance.

Le premier soin des commissions tirées des côtes du Comité central, y compris la commission médicale, dirigée par Fabre, ex-colonel d'équipement, fut de se choisir des bureaux.

L'embarras et le tohu-bohu commencent. On court, on trotte de côté et d'autre. Les lettres, les sollicitations, les communications très-pressées affluent. Le ministère est rempli de visiteurs et de quémandeurs, et les commissions fonctionnent, chacune de son côté, sans entente et sans programme. La plupart des hommes qui sont à leur tête manquent d'instruction et ne savent même pas interpréter le genre de fonctions qui leur a été attribué.

A la commission d'armement, se trouvait un

nommé Houzelot, un des nouveaux élus du Comité central.

« Armement, armement, se dit Houzelot, cela signifie qu'on délivre des armes. »

Cette idée bien ancrée dans sa cervelle, Houzelot court au bureau d'armement. Il y trouve le citoyen Arthur Brin, frère de Léon Brin, commandant d'armement et chef des bureaux.

— Je fais partie de la commission d'armement, lui dit-il, je viens voir ce qu'il y a à faire.

Arthur Brin lui montre comment il doit signer ses bons ; Houzelot s'en va, et passe dorénavant ses journées à signer des feuilles à tort et à travers.

Rousseau, son collègue, l'Homme au long nez, trouve qu'il n'y a pas assez de canons. Il en fait placer partout, bien ou mal, peu lui importe.

La journée terminée, ces braves gens se frottaient les mains d'aise et disaient à qui voulait les entendre :

« C'est égal, il y avait bien des négligences et des lacunes dans la défense. Sans nous, je ne sais pas ce que l'on serait devenu. »

La deuxième commission militaire, formée de Tridon, Arnold, Avrial, Delescluze, Ranvier, et qui venait d'être augmentée de Bergeret, Urbain, Géresme, Avoine fils et Cournet, ne fonctionnait guère mieux.

Elle passait tout son temps à se disputer avec le Comité central.

Voici le spécimen d'une de ces petites scènes de famille :

Le Comité central a pour but de s'entendre avec la commission militaire sur la direction que l'on va prendre, et de fixer les attributions et les pouvoirs de chaque corps.

Gaudhier préside.

Bergeret demande la parole.

— Avant d'entrer en fonctions, dit-il, il faut commencer par déterminer ce que chacun de nous aura à faire. Traitons tout d'abord un point important, celui des achats et des bons à signer et à solder.

— Il me semble, dit Lacord, que la commission d'ordonnancement doit se charger de payer les factures et les notes signées par les membres de a commission militaire.

— Oh! non, répond Geresme, car alors nous perdons le seul point de repère que nous ayons pour notre contrôle.

— Quel contrôle désirez-vous donc ?

— Mais celui de tout ce qui va se passer dans le ministère de la guerre.

— A quoi diable allons-nous servir ? crie Lacord. Ainsi, la Commune, non contente de nous enlever toute autorité, cherche encore à nous empêcher de travailler. Elle nous poursuit jusque dans nos fonctions. C'est toujours la même chose.

Le citoyen Léon Brin demande la parole.

— Ce qu'on doit entendre par commission militaire, dit-il, n'est pas du tout ce que paraissent s'imaginer ces messieurs. La commission militaire ne devrait, en réalité, que vérifier et contrôler toutes les opérations militaires et en dresser des comptes rendus qui seraient communiqués plus tard à la Commune ou au Comité de salut public. Au lieu de cela, on veut faire de la commission une machine à timbrer selon les caprices de mademoiselle Commune. C'est un joli rôle qu'on lui donne là !

— Voilà le citoyen Léon Brin, dit Gaudhier, qui paraît faire un crime à la commission militaire d'avoir un contrôle. Je rappellerai ici que nous devons tous nous contrôler.

— Mais, répliqua Lacord, vous ne faites tous que cela. Se contrôler, se mettre en suspicion, puis en prison, voilà le grand succès des républicains de 71.

— Ma parole d'honneur ! reprend Léon Brin, l'histoire moderne écrira cela, car il ne serait pas juste de nous attribuer quelque mérite.

— Pourquoi cela ? crient plusieurs voix.

— Parce que vous ne savez rien dire ni rien faire et que vous tenez ici la place de gens qui

serviraient leur pays beaucoup mieux que vous.
Vous êtes l'éteignoir de l'intelligence.

— Continuez, citoyen Brin, s'exclame Rousseau, vous nous arrangez bien.

— Oh ! ce n'est pas d'aujourd'hui. Demandez un peu à Bergeret quelle était mon opinion sur sa marche contre Versailles.

— Toujours cette malheureuse question ! dit Bergeret.

« Est-ce que c'est ma faute? C'est assez malheureux pour moi. »

— Je crois que le citoyen Léon Brin, dit Moreau, s'exagère l'importance de la commission militaire, car enfin...

— Allons, bon, crie Lacord. Voilà le commencement. Allez, citoyen Brin, ne vous donnez pas tant de peine. Tout est inutile avec ces benêts-là. Nous serons toujours roulés. Vous allez voir le vote. Oh ! j'en connais par avance le résultat. Ce sera oui pour toutes les questions. C'est ridicule. J'ai envie de donner ma démission.

La discussion continue encore quelques instants, lorsque Lacord se lève tout à coup en riant aux éclats.

— Attendez, dit-il très-sérieusement, je demande la parole pour une motion d'ordre. Le sujet est des plus graves; vous allez en juger.

— La parole est au citoyen Lacord, dit le président, pour une motion d'ordre.

— Chers citoyens, dit celui-ci, la question, comme je vous l'ai dit, est grave. Il s'agit de savoir ici si la Commune doit, oui ou non, diriger les actions intimes des citoyens de la capitale. Eh bien! il s'agit en ce moment de la santé d'un grand citoyen, et je ne veux pas ici, vous m'entendez bien, laisser passer l'occasion d'en parler, dans son intérêt et celui de la patrie. C'est au citoyen Bergeret que je m'adresse en particulier. Puisque la Commune doit tout faire, qu'il me réponde en son nom.

— Oui, répond Bergeret, la Commune, représentant le gouvernement, a le droit de s'immiscer dans tout. C'est assez clair.

— Eh bien! dit Lacord toujours gravement, ma femme vient d'accoucher d'un garçon qui se porte bien, et je demande à la Commune s'il faut l'élever au sein ou au biberon.

A cette sortie inattendue, tout le monde éclate de rire, sauf les membres de la Commune qui paraissent furieux.

Le président Gaudhier a toutes les peines du monde à rétablir le silence.

— C'est toujours pour des sottises semblables que le citoyen Lacord trouble les séances, dit-il. Ça devient ennuyeux à la fin.

— Oh! répond Lacord, ce que je viens de dire vaut bien certainement ce que vous avez dit et même ce que vous allez dire. Si encore vous vous contentiez de dire et d'entendre des bêtises, mais cela ne vous suffit pas. Il vous faut en faire ; il vous faut endosser toutes les stupidités de la Commune. •

Le citoyen Geresme se lève et prie Lacord d'être plus poli.

— Plus souvent, répond celui-ci. Il faudrait que j'aie vraiment du temps de reste. Avec cela que vous vous gênez, vous autres, pour nous envoyer ce qu'il vous plaît.

— Avec tout cela, dit le président, nous ne faisons rien qui vaille. Comment les commissions vont-elles fonctionner ?

— Je n'en sais absolument rien, répond Lacord, et les autres ne sont guère plus avancés que moi. Allez, mes amis, votez et travaillez.

Le président agite la sonnette et met aux voix la proposition suivante : « La commission militaire conservera-t-elle le droit d'accepter ou de rejeter nos factures et de conclure les grands marchés ? »

La réponse est affirmative.

Ces discussions bruyantes prenaient quelquefois des jours entiers. On sortait de là animé, fatigué. On allait se promener aux remparts, et on se couchait le soir avec la satisfaction intime de n'avoir pas perdu sa journée.

XIX

Arrestation et fuite de Rossel. — Delescluze ministre
de la guerre.

Vers cette époque, Rossel commença à devenir suspect à la Commune. On s'aperçut qu'il
éloignait systématiquement de toutes les charges
les gens qui pouvaient rendre des services à la
République. Il répondait d'une façon plus que
cavalière aux observations qu'on lui faisait;
enfin, il avait fait arrêter sans motifs le colonel
Mayer, un des officiers supérieurs les plus capables de l'armée communale.

Un beau matin, on fait venir le successeur de
Cluseret à l'Hôtel-de-Ville et on lui pose cette
question :

« Pourquoi, citoyen Rossel, n'envoyez-vous
pas des troupes aux endroits les plus menacés? »

Rossel balbutie et ne sait que répondre.

On le met sur-le-champ en état d'arrestation,
mais il n'était pas encore sorti de l'Hôtel-de-Ville

qu'il s'évadait, aidé du citoyen Avrial, qui, plus tard, fut aussi arrêté. On ne le revit plus.

La Commune nomma pour le remplacer le citoyen Delescluze.

L'ex-rédacteur en chef du *Réveil*, élevé à la dignité de ministre de la guerre, perdit à la fois complétement la tête et la voix.

Il fallait voir ce vieux bonhomme cacochyme, entouré des citoyens Avrial, Tridon et Arnold, donner et retirer des ordres à tort et à travers, sans plan, sans carte, sans réflexion même, pour se faire une idée de la désorganisation qui s'était emparée de la Commune.

A chaque instant arrivent de mauvaises nouvelles.

Le malheureux ministre de la guerre bondit sur son fauteuil, gesticule et fait des grimaces qu'il cherche vainement à faire comprendre à son entourage.

Quant à Avrial, il se promène dans le cabinet du ministère, les deux mains dans ses poches, son chapeau d'Auvergnat sur le derrière de la tête.

Un colonel vient apprendre à Delescluze que ses hommes ont peur, qu'ils n'ont pas d'abris roulants, qu'ils se replient en désordre sous les murs et qu'ils ne veulent plus avancer.

— Que voulez-vous qu'on y fasse ? crie Avrial dans son jargon montagnard.

Delescluze veut prendre la parole. Il ne sort aucun son de ses lèvres. Il finit par saisir un crayon et écrire ces mots :

« Des abris roulants, qu'est-ce que cela ? »

— Ce sont des plaques de tôle qui se transportent là où on se bat pour que les hommes se mettent derrière.

— Pourquoi se mettent-ils derrière, écrit de nouveau Delescluze; ils feraient mieux de se mettre en avant.

Le colonel lui explique alors que derrière un abri roulant un homme en vaut dix à découvert, parce qu'il a le temps de charger son arme et d'ajuster convenablement.

— Eh bien ! fait Delescluze en toussant et en s'étouffant, en avons-nous des abris? S'il y en a, qu'on en donne de suite.

— Vous êtes directeur général de l'artillerie, dit le colonel à Avrial, vous devriez savoir où nous pourrions en trouver.

— Moi ? dit Avrial, je ne sais pas. Du reste, je ne suis pas garde-parc.

— Non, lui répond-on, mais vous devez savoir de quel matériel nous pouvons disposer.

— Des pièces de canon et des abris, ça fait deux, et je ne sais pas du tout où on en pourrait trouver.

Un membre du Comité central, présent à cette

discussion, dit qu'il en a vu dans la cour de Saint-Thomas-d'Aquin.

On dispose aussitôt un ordre et on le passe à Delescluze, qui met son binocle et signe l'ordre sans même l'avoir lu.

Un officier d'ordonnance part avec des chevaux pour prendre possession des abris en question.

A Saint-Thomas-d'Aquin, il rencontre le fondé de pouvoirs du seigneur Avrial, et lui remet l'ordre de Delescluze, en lui disant que ses chevaux sont là:

Le garde lit l'ordre et se met à rire.

— Qu'est-ce que vous m'apportez là ? dit-il, c'est un bon de caisse de cinq mille francs à toucher aux finances.

L'officier remonte vivement à cheval et retourne ventre à terre au ministère de la guerre.

Il y trouve Avrial, étendu nonchalamment dans un fauteuil, les jambes écartées, e nez en l'air et les mains toujours dans les poches, qui discute sur l'artillerie avec quelques communeux.

— Eh bien ! vous avez trouvé? crie-t-il à l'officier, qui entre, essoufflé et couvert de sueur, dans le cabinet.

— Pas du tout, répond celui-ci ; il paraît que l'ordre qui m'a été remis n'est autre chose qu'un bon de caisse de cinq mille francs.

Tout le monde se regarde stupéfait.

— Comment cela se fait-il? reprend Avrial. Je

vous l'ai remis moi-même. Je sais, pardieu, bien ce que je fais !

— Enfin, dit l'officier, je ne puis pas vous en dire davantage. Voici le papier que vous m'avez remis.

Avrial le prend et le lit tout haut :

« Bon à payer la somme de cinq mille francs.

« Vu et approuvé :

« *Le délégué à la guerre,*

« DELESCLUZE. »

On éclate de rire. On cherche sur la table et on retrouve l'ordre écrit du chef d'état-major. On s'explique ce qui est arrivé. Delescluze, qui n'y voit pas clair, a signé un papier pour un autre. Le singulier ministre de la guerre !

XX

Le ministère de la guerre. — La commission de cavalerie
de la Commune.

A partir du jour où le Comité central s'était
divisé en commissions, il avait perdu toute influence. Il ne lui fut plus possible de se réunir en
entier.

Le découragement faisait des progrès rapides.
On arrêtait les fonctionnaires de la Commune les
uns après les autres. On croyait parer à tout par
quelques jours de prison. C'était le remède suprême de la Commune, le spécifique infaillible.
Après l'intendant Lévy et son sous-intendant, in-
carcérés pour manque de clarté dans leurs comptes, on emprisonnait le citoyen May, « reconnu
comme ayant eu la conduite la plus frustatoire, »
et on nommait à sa place chef de l'intendance le
citoyen Moreau, du Comité central. L'Auvergnat
Avrial était élevé au grade de chef général d'artillerie.

Il est impossible de se faire une idée du tohu-bohu et du chaos qui régnaient au ministère de la guerre, où l'on venait de transporter l'état-major. Il ressemblait de haut en bas à une vaste étude ou à un immense bureau où allaient et venaient en tous sens et continuellement une cohue d'officiers poudreux et bruyants.

Nul n'est à son poste. On passe son temps à courir les uns après les autres. Le moindre lieutenant prétend n'avoir d'ordre à recevoir de personne et veut, en revanche, en donner à tout le monde.

Quand on a quelque autorisation sérieuse à demander, il faut rester une journée entière dans les couloirs avant d'avoir pu mettre la main sur la personne que l'on cherche, et encore la trouve-t-on rarement.

On sort de là ahuri et sourd.

Au rez-de-chaussée, à droite, en entrant sous le péristyle, se trouve une grande porte à deux battants, ornée de chambrières et de rideaux. C'était autrefois l'antichambre d'une salle de réception. C'est là que les armuriers ou les brocanteurs viennent faire leurs offres de services ou demander l'acceptation de leurs livraisons.

Dans le grand salon, tout tendu de rose, avec des meubles tapissés de même couleur, ornés de baguettes d'or, sur un tapis splendide, sont entassés des centaines de sabres et de revolvers encore enveloppés de papier.

Là, Cournet et Arnold passent des jours et des nuits à essayer des lames de sabre et à faire marcher des batteries de revolvers.

On fume, on cause et on blague. On se dispute avec les fournisseurs. On achète de droite et de gauche sans s'entendre, parce que les marchands donnent des pots-de-vin ou se trouvent être des connaissances.

Pendant ce temps, les ateliers de Saint-Thomas-d'Aquin marchent à toute vapeur, mais c'est à peine si on le sait. Un jour, un ouvrier se présente au ministère pour faire viser une feuille de paie.

— Saint-Thomas d'Aquin! qu'est-ce que cela? s'écrie Geresme. Je n'ai jamais entendu dire qu'il y avait des employés à payer à Saint-Thomas-d'Aquin.

— Mais, lui répond-on, c'est là qu'on fabrique des armes et des mitrailleuses!

— Ah! je voudrais bien voir cela. Est-ce que, par hasard, on se moque de nous? On fait des frais de tous côtés sans nous prévenir.

Sur ces entrefaites, arrive le citoyen Urbain qui soutient Geresme et qui s'écrie :

— C'est indigne! c'est encore le Comité central qui nous joue ce tour-là. Toutes les factures qu'on nous présente portent des cachets du Comité central : « Comité central, commission du génie ; Comité central, commission de ci, commission de là. » Ça ne peut pas aller longtemps comme cela. Nous avons des pouvoirs, il faut nous en servir.

Au milieu de cette discussion se présente quelqu'un qui vient proposer de faire entrer des chassepots dans Paris du côté des Prussiens. Il se fait fort d'obtenir l'autorisation nécessaire. Les armes ne reviendront pas à plus de 85 francs.

On discute le prix pendant le reste de la journée, et on finit par tomber d'accord. L'individu demande une avance pour l'achat des fusils. On la lui donne. Inutile de dire qu'on ne l'a plus revu.

Le soir, Urbain et Geresme disaient en se rendant au réfectoire :

Voilà une rude journée! Croirait-on, en nous voyant passer, que nous venons de gagner au moins 20,000 francs pour la Commune; mais ces services-là ne sont jamais reconnus.

Arnold était un peu plus difficile. Quand c'était lui qui recevait les marchands, ceux-ci avaient affaire à forte partie. Dès que le prix d'une arme dépassait 40 fr., le délégué de la Commune s'écriait :

— Je vous fais f..... dedans, si vous ne me diminuez pas ce compte-là.

Quant à Cournet, c'était le meilleur enfant du

monde. Il signait tout ce que l'on voulait. Il était mieux élevé et avait des manières plus distinguées que ses collègues. C'est à lui qu'on s'adressait de préférence lorsqu'on désirait avoir des laissez-passer. Il les refusait rarement et s'inquiétait peu des motifs pour lesquels on les demandait.

La cavalerie était sous la domination du citoyen Chouteau, lequel passait son temps à faire des commissions comme un simple officier d'ordonnance.

Son cheval était toujours sellé, et à la moindre demande il l'enfourchait et s'en allait courir par la ville. On l'a vu très-souvent rentrer au grand trot au ministère, se donner à peine le temps de rendre la réponse qu'il était allé chercher et demander s'il n'y avait pas d'autre course à faire, toujours prêt à *cavalcader*.

Il espérait être élevé prochainement au grade de général.

Il avait fait partager sa passion pour la course à son co-délégué, le grand commandant Lavalette.

Il était cependant difficile d'être moins disgracieux à cheval que ne l'était ce grand escogriffe, qui avait continuellement peur de tomber, et dont le pantalon, toujours retroussé jusqu'aux genoux, laissait voir ses chaussettes en grosse laine marron.

Quand il entrait au Comité central, après une

de ses promenades, il faisait autant de bruit qu'un ouragan.

Il fallait interrompre aussitôt la séance pour entendre les nouvelles qu'il apportait.

La plupart du temps il racontait qu'un garde national s'était battu avec son caporal, et quand on lui faisait observer que cet événement n'était guère alarmant, il répondait que ce fait avait plus de gravité qu'on ne le pensait, parce que c'était le capitaine qui en était la cause.

— C'était bien la peine de nous déranger pour si peu, disait Lacord.

— Tu voudrais qu'il n'y en ait que pour toi, reprenait Lavalette, tu es *épatant*, ma parole d'honneur.

Et tout le monde de rire. La séance était troublée pour une heure au moins.

La commission de la cavalerie n'a jamais rendu à la Commune et au Comité d'autres services que ceux-là.

XXI

Première entrevue de M. le baron Dutilh de la Tuque avec quelques membres du Comité central. — Promesse de Léon Brin. — Séance du Comité central dans laquelle Léon Brin propose d'arrêter la Commune de Paris et de traiter avec Versailles par l'entremise de M. le baron Dutilh. — Cette proposition est rejetée à une faible majorité.

Cependant la situation militaire des communeux devenait de plus en plus critique. On disséminait l'artillerie partout, excepté dans les endroits où elle aurait pu rendre quelques services. On oubliait, pendant des semaines entières, de renouveler les postes. Les hommes se décourageaient et abandonnaient le terrain même sans avoir été attaqués. Et cependant le ministère de la guerre faisait publier chaque jour des bulletins de victoire. *Le Cri du peuple* et les autres journaux de sa nuance ne tarissaient pas en louanges et en chants de triomphe.

On courait à sa perte en se félicitant mutuelle-

ment et en se traitant de génies et de vainqueurs.

Le Comité central seul, — du moins quelques-
uns des membres qui le composaient, — ne se
laissait pas tromper aussi facilement.

Il fut de nouveau question, dans une de ses
dernières séances, d'arrêter d'un seul bloc la
Commune qui causait tout le mal.

Nous rendrons compte de cette importante
séance, qui faillit changer la face des choses, et
qui montra que tout le monde, à l'Hôtel-de-Ville,
ne partageait pas l'ignorance et la présomption
des membres de la Commune. Et cependant il
était bien difficile d'y dire la vérité!

C'est vers cette époque que le citoyen Léon
Brin, membre du Comité central, eut sa première
entrevue avec M. le baron Dutilh de la Tuque,
un des hommes honorables et courageux qui s'é-
taient donné la patriotique mission d'essayer de
débarrasser Paris, sans effusion de sang, des
bandits qui l'infestaient.

Il espérait que le Comité central, à la veille
d'une chute qu'il prévoyait lui-même, aurait
assez de sagesse et de bon sens pour essayer,
même au prix d'une soumission à Versailles, de
détourner de Paris les désastres qui le menaçaient.

Sa position d'officier supérieur et d'organisateur du corps des *Volontaires de la France*,
avaient mis M. le baron Dutilh en relation, pen-

dant le siége, avec un grand nombre d'officiers de tout grade qui occupaient alors dans la Commune des places plus ou moins importantes. Il résolut de choisir parmi eux les meilleurs et les plus capables pour opérer, par le Comité central, une sorte de contre-révolution et renverser la Commune.

Il rendit visite tout d'abord au général Auguste Okolowich, qui avait servi dans les Volontaires de la France, et qui, blessé, était soigné à l'ambulance des Champs-Élysées.

Le général était entouré de son père et de ses frères, Anatole et Édouard, qui n'avaient accepté aucune fonction de la Commune.

M. Dutilh fut admis sous la tente du général et causa en particulier avec lui pendant près d'un quart d'heure.

Après cette conversation, M. Dutilh prit rendez-vous pour le lendemain avec Anatole Okolowich, qui le conduisit dans une réunion particulière où se trouvaient plusieurs membres du Comité central, les deux frères Léon et Arthur Brin, et plusieurs colonels et lieutenants-colonels de l'armée fédérée.

Il était tard, la situation générale des affaires très-tendue; il convenait d'aller droit au but et de savoir sur qui on pouvait compter.

M. Dutilh se fit connaître et exposa rapidement à l'assistance le but qu'il poursuivait : la

cessation des hostilités d'abord, la paix générale
ensuite.

— Croyez-vous, Messieurs, leur dit-il, que la
conciliation puisse être tentée avec la Commune
de Paris ? Pour moi, je ne le crois pas. Je connais
plusieurs de ses membres et je sais dans quel
affreux désordre vivent ensemble ces honteux
délégués de toutes les vengeances dynastiques et
européennes, liguées aujourd'hui contre notre
gloire nationale, notre prospérité et notre prestige dans le monde. Je ne veux accuser ni nommer personne. Ce que je viens vous demander,
c'est de me faciliter les moyens d'être reçu et entendu par le Comité central. Je lui dirai toute ma
pensée, et j'ai des raisons personnelles pour être
assuré d'y rencontrer du secours et un appui
très-sérieux, et, je l'espère, très-efficace, de la
part de plusieurs de ses membres.

M. Dutilh parla longtemps. Sa voix était mordante, mais ferme et assurée. On pensait comme
lui, mais on craignait de s'engager comme lui et
avec lui.

— Eh bien ! s'écria pourtant Léon Brin, membre du Comité central, je vous conduirai à la
réunion prochaine du Comité. Il ne dépendra
pas de moi qu'il ne vous reçoive. Je sais mieux
que vous quel démon infernal agite cette malheureuse Commune et combien elle mérite peu
qu'on la prenne au sérieux. Quant au Comité

central, c'est autre chose. Il y a là des éléments honnêtes, égarés, direz-vous, mais au moins vous y serez écouté. Le salut de Paris est dans le Comité central.

Léon Brin tint parole, mais il avait compté sans l'inintelligence et l'entêtement de ses collègues. Nous allons voir bientôt comment il fut reçu quand il proposa de se servir, pour traiter, de l'intermédiaire de M. le baron Dutilh.

C'était le lendemain de l'entrevue que nous venons de raconter.

Le citoyen Rousseau présidait.

La discussion était vive. On critiquait la Commune comme elle le méritait.

— Comment! dit le général Du Bisson, vous prétendez être des hommes de cœur? Le citoyen Léon Brin vous a proposé un intermédiaire sérieux, M. le baron Dutilh, et vous le refusez? M. le baron Dutilh est un homme des plus recommandables; il a la confiance de l'Assemblée. Pourquoi repousser ses bons services? Vous devez bien voir qu'il nous est impossible de tenir plus longtemps.

Le citoyen Léon Brin demande la parole.

— Permettez-moi, dit-il, de vous faire un exposé de la situation, et vous verrez si j'ai raison de vous demander à chercher à traiter honorablement avec Versailles. Je supplie le président et l'assemblée, non-seulement de m'accorder la parole, mais de permettre que je parle en toute liberté. J'ai à vous dire des choses du plus haut intérêt.

— Oh! crie Fabre, il n'y en a que pour celui-là !

— Est-ce ma faute, répond Brin, si je suis obligé de dire tant de mots pour arriver à me faire comprendre?

— Parbleu! dit Fabre, un homme si fort !

— Fabre, reprend Léon Brin, je ne saurais trop vous engager à être plus poli. J'admets toutes les plaisanteries, excepté celles qui ont la tournure d'un parti pris. Je vous engage donc à vous le tenir pour dit, sinon nous pourrions nous en expliquer autrement.

— Je prie le citoyen Fabre, dit le président, de garder ses réflexions pour lui, et le citoyen Brin de ne pas se fâcher et de continuer ses communications. Les événements deviennent de plus en plus graves, et nous devons tous comprendre la responsabilité terrible qui pèse sur nous.

— Les moments sont précieux, mais la faim n'est pas encore dans le bâtiment, réplique Fabre. Il est inutile de prendre des airs aussi tragiques pour nous parler.

— La parole est au citoyen Léon Brin, crie le président.

— La République de 93, dit celui-ci, s'est salie et déshonorée par des actes odieux, par des arrestations arbitraires et surtout par des exécutions sommaires. Ces exécutions, ces arrestations, toutes ces mesures sauvages et exagérées finirent par fatiguer la France, et un beau jour une contre-révolution arriva, et nous retournâmes à la monarchie.

« Pourquoi la France aime-t-elle le système monarchique? Parce que ce système possède une qualité que n'avons pas : l'homogénéité. Nous, au contraire, nous nous entre-déchirons continuellement les uns les autres. Il y a dans notre parti une lutte intestine, d'autant plus acharnée et plus mesquine qu'elle a pour promoteurs des idiots, des méchants et des ignorants. Nous n'avons-plus même le respect de nous-mêmes. Nos ancêtres ont été plus cruels que nous, mais il y avait quelque organisation, quelque ordre dans leur férocité et leur barbarie.

« Mais nous, où en sommes-nous? Je vais vous le dire, et je vais vous le dire sans ménagement.

« Il y a quelques semaines, au 18 mars, tout le monde s'embrassait. Les loups n'avaient pas encore senti la proie. Les appétits n'étaient pas excités. Les instincts malfaisants avaient été endormis par la gloire et la joie du triomphe.

— Mais si vous continuez ainsi, citoyen Brin, crie quelqu'un, vous allez nous faire croire que vous êtes un réactionnaire.

— Ceci m'est fort indifférent.

— Et si l'on vous fusillait ?

— Ce serait un crime de plus à inscrire sur l'ardoise historique de la Commune et du Comité central. J'y suis destiné.

— Comme vous y allez !

— C'est comme cela qu'il faut toujours y aller, répond très-froidement l'orateur.

— Je prie le citoyen Brin, dit le président, de ne pas s'arrêter aux interruptions et de continuer.

— Et mais, crie ce dernier, je supplie le président de faire faire silence à l'assemblée.

— Que disent donc là-bas d'aussi intéressant les citoyens Bouit et Barroult? crie Rousseau. On n'entend qu'eux.

— Nous disons que le citoyen Brin n'a pas l'air de nous ménager et qu'il aurait peut-être l'intention d'amener le Comité central à composition.

— Permettez-moi, avant tout, de vous convaincre, réplique Léon Brin. Si vous êtes ensuite de mon avis, vous signerez avec moi; mais vous aurez toujours assez de bon sens pour vous en abstenir.

— Certainement, dit Bouit, mais c'est votre façon d'envisager les choses qui ne nous plaît pas.

— Continuez donc, Brin, crie tout haut Lacord, vous voyez bien que vous parlez devant des hommes ivres.

Tout le monde se récrie.

— S'ils ne le sont pas, continue Lacord, ils raisonnent absolument comme s'ils l'étaient. C'est toujours la même chose.

— Ne faites pas attention à ce que dit Lacord, crie quelqu'un, vous savez bien que Brin a fait son caprice.

— C'est parce qu'ordinairement il raisonne comme un homme, répond l'ex-cuisinier, et vous comme des matelas. O République! où diable vas-tu te nicher ?

— Ne faites pas attention à Lacord, crie Lavalette, il a manqué une sauce ce matin. Il est de mauvaise humeur.

— Tu ferais mieux de te faire mettre des dents, riposte Lacord, et de ne pas éclabousser les voisins. Préviens-les, au moins, quand tu prends la parole, on ouvrira les parapluies.

— Tais-toi, tu ne sais dire que des bêtises.

— C'est un mérite que tu n'auras jamais.

— Je n'y tiens pas.

— Pardon, citoyens, dit en souriant Léon Brin, je crois que vous vous écartez un peu de la question. Cependant les heures sont précieuses.

— Ah! ouitche! dit Lacord, est-ce que vous croyez que ça les inquiète ? Eh bien! vous vous mettez drôlement le doigt dans l'œil. Tenez, j'ai demandé, il y a deux jours, qu'on rédigeât une affiche des plus importantes et des plus utiles. C'est une adresse au peuple de Paris. Du reste, je vous la lirai tout à l'heure. Certes, si j'avais besoin de leur concours pour en faire la rédaction, je pourrais bien attendre à l'année prochaine. Il n'y en a pas un qui soit à la hauteur de la situation. D'ailleurs, continuez, vous êtes tout à fait dans le vrai, mais ils tiennent autant à vous entendre qu'à avaler une *brouette*.

— C'est insensé, dit Léon Brin, et cependant cela est. Pourvu du moins que le public soit plus tard sincèrement instruit de tout cela.

— Mon Dieu ! oui, dit Lacord, c'est le seul espoir qui nous reste, afin qu'on ne se figure pas qu'il y avait des hommes capables dans ce tas de brutes.

Le colonel Boursier, qui avait écouté attentivement cette conversation, s'approcha de Lacord.

— A la bonne heure, dit-il tout à coup, tu nous arranges aux petits oignons.

— Ah ! nom d'un chien ! prouve-moi que j'ai menti, si tu le peux, je ne demande pas mieux.

— Non, dit Boursier, devenu tout rêveur, si nous ne mettons pas la patte sur tous ces lapins de l'Hôtel-de-Ville...

— Eh bien?

— Eh bien ! ajouta-t-il en soupirant, tout est fichu.

— Alors arrivez-en là tout de suite, cria Léon Brin. Pourquoi se faire tant tirer l'oreille ?

10

— Mais Brin, dit Boursier, je suis colonel. Vous savez qu'ils m'ont déjà, emprisonné pour avoir essayé de lever la tête. Que puis-je faire seul ? Vous savez bien que si cela ne tenait qu'à moi, ils coucheraient tous cette nuit à Mazas. Que diable voulez-vous ? Il y a ici une bande de *poules mouillées* qu'on ne peut pas remuer. Voyez pour vous, vous n'arrivez pas même à vous faire écouter.

— C'est un malheur, dit Brin, un grand malheur, car tout le monde court à un désastre. Vainqueurs et vaincus, tous regretteront ce qui se passera. Nul ne sera content.

Ce n'était plus dans la salle qu'un bourdonnement confus.

Chacun conversait de sa place avec ses voisins. Il était impossible aux orateurs de se faire entendre.

Le président agite la sonnette et invite le citoyen Léon Brin à reprendre la parole et à continuer son discours.

— Je vous dirai donc, poursuit Léon Brin, que le 18 mars le Comité central était animé des meilleures intentions, bien qu'on lui ait imputé quelques assassinats qui doivent être plutôt mis sur le compte de la vindicte publique.

« Il s'est imaginé, après la victoire, que tout était fini et que tout allait marcher comme sur des roulettes. Il croyait, en faisant nommer la

Commune de Paris, donner à la capitale des représentants capables, élus par le peuple. Ce fut
une grande erreur. Il remarqua, le soir même
des élections, que tous ceux de ses membres qui
avaient le moins de mérite étaient passés d'emblée à la Commune. Il leur avait suffi de mettre
sur leurs affiches : Un tel, du Comité central.

« Ces hommes, lâches et méchants, nous mènent
fatalement à un cataclysme. Ils n'eurent rien de
plus pressé, aussitôt après leur nomination, que
de repousser leurs anciens collègues.

« Récapitulons ce qu'a fait, depuis ce moment, la
Commune. Elle a choisi, pour la représenter à la
guerre, un nommé Cluseret, qui l'a fourrée dans
un guêpier dont elle ne sortira certainement pas.
Elle a maintenu, malgré nos conseils, son compère Rossel, qui a fait tout ce qu'il a pu pour
nous perdre.

— C'est vrai ! crient plusieurs voix.

— Lorsque le Comité central s'adresse à la
Commune pour une demande ou une réclama-
tion, peut-il seulement se faire entendre ? La
rencontre-t-il même, est-il reçu ? Vous voyez
donc bien que le Comité central a commis une
faute grosse comme une montagne en laissant
nommer des représentants indignes de la capitale.

« Quel devoir nous reste-t-il ? Il faut supprimer
la Commune, nous mettre en ses lieu et place et

faire appel, non pas seulement à Paris, mais encore à toute la France, qui, alors, se choisira le gouvernement qui lui plaira.

— Je demande la parole, crie Fabre, furieux.

— Laissez parler le citoyen Brin, dit le président.

— C'est pour une motion d'ordre, réplique Fabre.

— La parole est au citoyen Fabre pour une motion d'ordre.

— Je demande au citoyen Léon Brin, dit Fabre, si c'est le baron Dutilh qui lui a conseillé d'employer une séance du Comité à nous faire cette leçon.

— Je propose de passer outre sans répondre à cette sotte question, dit Léon Brin.

— Pourquoi cela ? riposte Fabre.

— Parce que cela me plaît.

— Soit. Nous verrons.

— Quand vous voudrez.

— Continuez, continuez, crie l'assistance au citoyen Brin.

— Aujourd'hui, dit celui-ci, les opérations militaires sont loin d'être satisfaisantes.

— Oh! oui!...

— En voici la raison. Supposez pour un instant en présence deux armées composées de forces égales, animées toutes les deux du même

courage et de la même valeur. L'une des deux est
organisée, obéissante, habituée à faire la guerre.
C'est l'armée de Versailles.

— Oh ! oh ! oh !

— Il y a là une exagération, dit le président.

— Nullement, répond Léon Brin. Je sais bien
que la Commune nous endort avec des récits de
combats toujours terminés à notre avantage.
Cependant il n'est pas besoin d'être fort en stratégie militaire pour voir quelle est celle des deux
armées qui recule sans cesse, tandis que l'autre
avance toujours. Vous ne voudrez donc jamais
ouvrir les yeux ?

« Je disais que l'armée fédérée, au contraire,
était loin d'être organisée. Tout y est dans le
plus grand désordre. Il n'y a pas d'obéissance.
Ceux qui sont braves se découragent parce qu'ils
ne sont pas remplacés à temps et à heure. Dans
l'armée de Versailles on ne se grise pas. Chez
nous, on est toujours ivre. Et vous voudriez faire
une comparaison entre ces deux forces? Mais il
y a entre elles une disproportion qui ne doit
échapper à personne.

— Le citoyen Brin a raison, crient plusieurs
colonels. Tout va de plus en plus mal. La situation s'aggrave chaque jour. Il serait temps de
prendre un parti décisif.

Fabre et quelques autres gesticulent avec
fureur.

— On blâme la garde nationale, crient-ils. On en veut à notre entente.

— Continuez, citoyen Brin, dit le président.

— Mais ce n'est encore là qu'un côté de la situation. Il y autre chose. Au lieu de chercher à améliorer sa position, la Commune ne fait que l'empirer par ses lois et ses décrets absurdes. Elle démolit et elle emprisonne sans cesse, sans se donner la peine de se demander si cela plaît bien à ses électeurs et si elle a encore pour elle l'esprit de la capitale. Or, elle l'a si peu, que tout le monde quitte Paris. Les rues sont des déserts.

— Les citoyens qui sortent de Paris, crie le citoyen Audoyneau, sont des réactionnaires. Ils sont en petit nombre, et nous n'avons pas à nous préoccuper d'eux; il ne peuvent nous faire que du mal.

— Ah ça! reprend Léon Brin, est-ce que vous seriez assez aveugles et assez niais pour croire qu'il n'y a qu'au Comité central et à la Commune qu'on trouve des républicains? Il n'y a pas que les réactionnaires qui s'en vont; ce sont tous ceux qui ont la possibilité de partir et d'aller vivre en province en attendant que le gouvernement régulier ressaisisse les rênes du pouvoir, car pour la plupart ils ne prennent et ne prendront jamais la Commune au sérieux.

— Mais nous avons des baïonnettes, répond Audoyneau.

— Quand un pouvoir ne repose plus que sur des baïonnettes, il repose sur une base bien fragile! C'est tout au plus bon quand on est sûr d'être le plus fort. Je me résume. Paris va être attaqué dans quatre ou cinq jours. Il faudra à peine huit jours pour prendre la porte Maillot, et la porte Maillot prise, vous verrez comme moi ce qui se passera. Il est donc nécessaire de prendre aujourd'hui même un parti extrême, car les événements vont se succéder désormais avec une telle rapidité que vous n'aurez pas le temps de vous reconnaître. Ce n'est pas, je pense, ce pauvre père Delescluze qui va nous tirer de là. Je l'examinais attentivement hier, et je ne le crois pas même dans des dispositions mentales qui le rendent capable de juger nettement la situation. Il ne peut guère qu'en aggraver les périls, si c'est possible.

A ce moment le citoyen Lavalette, qui s'était absenté un instant, entre avec fracas dans la salle, le képi sur l'oreille.

Il est pâle, haletant, effarouché.

Il saisit machinalement la sonnette et l'agite fiévreusement.

— Mes enfants, crie-t-il tout à coup.....

— Qu'arrive-t-il donc, papa? crie Lacord.

— Oh! ne ris pas. C'est sérieux, tu vas voir.

— Enfin, parle; on t'écoute.

— Mes enfants, répète Lavalette à demi-voix, on vient de m'affirmer que les Versaillais ont pris la barricade du pont de Neuilly.

— Eh bien! dit Lacord, ça t'étonne, ça? Pas moi.

— Comment si ça m'étonne? Certainement que ça m'étonne; mais c'est qu'ils approchent.

— Comment, reprend Lacord, ils approchent! Eh bien! pourquoi ne vas-tu pas les prier de rester chez eux? Avec un peu de politesse, tu pourrais peut-être les décider.

— Moi! répond Lavalette en prenant des airs de conquérant, j'irais fléchir les genoux? J'aimerais mieux avaler la lame de mon sabre.

— Va donc, dit Lacord, tu n'avalerais rien du tout, et, du reste, il est fort probable qu'en voyant ta figure, ils te prendraient pour un voleur de grand chemin. Ils te flanqueraient au bloc, et ça ne serait pas long. Aussi tu ne devrais pas t'aventurer en campagne sans un certificat de bonne vie et mœurs dans la poche.

— Alors, dit Lavalette très-sérieusement, tu supposes que les gendarmes me f..tront dedans?

— Je l'ai rêvé et ça arrivera, tu verras.

— Citoyen, dit Léon Brin au président, je voudrais cependant bien terminer. Vous voyez que je n'avais pas tort.

— Silence! crie le président.

— Ce n'est pas la peine, dit Fabre.

— Si vous ne faites pas silence, vous manquez à votre devoir. Il faut écouter tout le monde.

— Oh! il nous endort, celui-là, avec ses discours; quand il a la parole on ne peut plus rien dire.

— Quand je vous disais, citoyens, qu'il était temps, fait Brin.

— Oh! ils ne sont pas encore ici, interrompt Fabre.

— Cela ne sera pas bien long maintenant.

— C'est ce que nous verrons.

— Enfin, qu'espère la Commune? Qu'espérez-vous, vous, Comité central? Paris va être vaincu, et la province donnera raison au plus fort. Vous voyez bien que notre position est critique. Eh bien! en présence d'un pareil avenir, moi, Comité central, je vous le répète, je ferais main basse sur la Commune; je déposerais les pouvoirs de cette Commune entre les mains de la France, et, ouvrant les portes de Paris, sans combat, je demanderais une dernière fois au pays de se choisir un gouvernement. Et toute la province verrait que Paris n'a pas été dupe de la Commune et qu'il l'a ignominieusement chassée pour n'avoir rien su faire de bien.

— Mais, dit Rousseau le président, ce serait rendre les armes à l'assemblée de Versailles.

— L'assemblée de Versailles n'aura toujours

pas la gloire d'avoir vaincu la garde nationale de Paris comme elle la vaincra, et comme elle n'est que l'expression de la France, la France la renversera ou la gardera, si cela lui plaît. Quoi de plus simple? Mais au moins, en agissant ainsi, vous éviterez un carnage qui ne peut que nous être préjudiciable... Il est temps encore. Je vous demande d'admettre au moins à une audience M. le baron Dutilh de la Tuque, et vous verrez qu'il nous est encore possible de traiter honorablement.

— Voulez-vous nous dire, citoyen Brin, dit le président, pourquoi et comment vous êtes en relations avec le citoyen baron Dutilh? et dans quel but vous vous êtes entretenu avec lui du Comité central?

— Cela paraît suspect, ajoute Levêque.

— Merci, dit Brin. Il ne me manquait plus que cela. Mais ici il faut s'attendre à tout. Le baron Dutilh est mon ami et en politique je le considérerais comme mon père. Il m'a offert de faire son possible pour nous tirer de la situation embarrassante dans laquelle la Commune nous a mise, et je lui ai promis que j'userai ici de toute mon influence pour vous faire entendre au moins une fois ses idées, qui sont les miennes...

— Alors ça doit être un républicain de couleur pâle, crie méchamment Fabre.

— Il est républicain comme vous ne le serez

jamais, reprend Brin. C'est un homme instruit, plein de cœur et de sentiment. Vous pouvez le dénigrer, si vous le voulez, mais je vous défie bien d'être jamais un aussi bon patriote et un aussi grand citoyen que lui. Le baron Dutilh, mû par un sentiment des plus honorables, veut arrêter l'effusion du sang qui coule déjà depuis trop longtemps.

— Alors nous devons céder? crient plusieurs voix.

— Ce n'est pas céder que de s'arranger en famille.

— Qu'appelez-vous famille? dit Chouteau.

— J'appelle famille la France entière. La France a le droit de se diriger elle-même, et vous n'êtes pas la France, ne l'oubliez pas!

Après plusieurs autres discussions de ce genre, le président met aux voix cette proposition : Le Comité central veut-il oui ou non admettre le baron Dutilh à une de ses séances?

Une majorité de deux voix déclare que M. le baron Dutilh ne sera pas admis.

La plus sérieuse chance de conciliation possible entre Paris et Versailles échouait. La question menaçait de ne pouvoir plus être vidée que par les armes.

· XXII

Le Comité central et la Ligue républicaine.

Malgré l'insuccès de cette première démarche conciliatrice, la Ligue républicaine, présidée par M. Bonvalet, en tentait une seconde du même genre quelques jours après. Les délégués de la Ligue proposaient de servir d'intermédiaires entre le Comité central et Versailles. Une réunion fut convoquée, mais les membres du Comité firent preuve, dans cette réunion, d'une telle légèreté, d'un tel enfantillage, qu'on serait tenté de penser que la fatalité s'en mêlait. Jamais bande d'écoliers bruyants et tapageurs ne fut moins sérieuse. On ne pourrait croire à un tel oubli de soi-même, dans des circonstances aussi terribles, à la veille d'une lutte qui allait ensanglanter Paris tout entier, si l'on n'en avait été le témoin oculaire.

Après lecture faite par le président Barroult

de la communication envoyée par la Ligue, le citoyen Fabre demande la parole.

Il prétend qu'aucune condition ne doit être faite au Comité central. « Le Comité, dit-il, doit se respecter et non fléchir les genoux. »

— En face des événements de chaque jour, dit Bouit, nous devons nous recueillir, et je crois qu'il est temps de réfléchir sérieusement avant de parler.

— Est-ce pour moi que tu dis cela? interrompt Fabre.

— Pour toi et pour tout le monde. Je ne fais pas de question personnelle.

— Enfin, comment peut-on désirer que nous allions fléchir le genou à Versailles?

— Je demande à continuer sans répondre au citoyen Fabre, dit Bouit.

— Continuez! continuez!

— Je désire donc deux choses essentielles à la cause du Comité central : 1° que l'affiche du citoyen Lacord soit immédiatement apposée sur les murs; 2° qu'elle soit suivie d'une autre dans laquelle nous déclarerons à tout Paris et à la France entière que le Comité central n'a jamais approuvé la Commune.

— Il faut que l'on sache enfin, dit Brin, que s'il y a des fous dans la Commune, on peut encore trouver dans le Comité quelques hommes raisonnables.

— Mais, dit Fabre, cela va amener un conflit regrettable.

— Tant mieux! crient à la fois Bouit et Brin, quand il devrait en résulter une collision, il le faut à tout prix. (Tumulte.)

Le président agite la sonnette.

— Messieurs..., citoyens, dit-il en se reprenant, vous m'avez nommé aujourd'hui président. Je tiens à ce que ma présidence soit marquée par un acte quelconque. Nous avons trop l'habitude de nous réunir, puis de nous séparer sans rien faire.

— Eh bien! crie Lacord, qui était en train de rédiger son appel au peuple, si le président Barroult obtient un semblable résultat, je propose de lui voter une augmentation d'appointement de 25 p. 100 chaque fois qu'il siégera.

— Et une médaille commémorative, ajoute quelqu'un.

— Je désirerais, dit Gouhier, voir apporter un peu plus de sérieux à nos séances. C'est avec ces plaisanteries-là que nous n'arrivons jamais à rien.

— Je demande la parole, reprend Lacord.

— Est-ce pour parler sérieusement? dit le président.

— Mais certainement. Je n'ai jamais prétendu parler autrement. Je regrette beaucoup de ne pas plaire ici à tout le monde; mais j'ai la conscience libre, et c'est, à mon avis, la plus douce consolation.

En terminant cette phrase, Lacord regarde attentivement le citoyen Gouhier.

— Citoyens, crie-t-il tout à coup, lorsque nous serons réunis ici pour des raisons sérieuses et pour prendre une résolution solennelle, je demande qu'on expulse de l'assemblée : 1° le citoyen Gaudhier.

— Et pourquoi? dit Gaudhier.

— Parce qu'il est grêlé, répond Lacord. (Vive hilarité.) Chaque fois qu'il m'arrive de le regarder en face, j'éclate, et ma rédaction comme ma parole en souffrent beaucoup.

— Assez! assez! Lacord, crient quelques voix.

— Pas du tout; j'ai la parole et je ne l'abandonne pas aussi facilement.

— Si vous aviez des choses importantes à nous apprendre, dit le président, je vous laisserais bien la parole, mais...

— Est-ce que je n'ai pas le droit d'aboyer ici comme les autres? Écoutez-moi donc jusqu'au bout, en admettant toutefois que vous puissiez me comprendre.

« Il y a encore, continue l'orateur, le fameux citoyen Gouhier qui a une tache à l'œil. Chaque fois qu'il lui arrive, comme tout à l'heure, de maugréer contre moi...

— Eh bien? dit le président.

— Eh bien! je ne puis m'empêcher de rire. Je demande l'expulsion de ces deux membres de toute séance du Comité qui aura la prétention d'être sérieuse.

Le président, furieux, frappe du poing sur la table.

— Voyons, Lacord, dit-il, mettez-vous à la place de ceux qui prennent gravement les choses, et vous verrez qu'ils ne peuvent pas être constamment de votre avis.

— Sans cela, président, il n'y aurait pas de discussion possible, et alors que deviendrait le Comité central? Il n'oserait jamais manger sa soupe, croyant ne l'avoir pas gagnée.

« Je demande à l'assemblée la permission de lui lire ma *tartine*. C'est quelque chose de *chic*. Écoutez-moi.

— Non, non, plus tard. Nous n'en finirions pas.

— Penser que ce Lacord ne peut pas causer une minute, dit le grand Lavalette, comme un homme raisonnable!

— Oh! ne m'en parlez pas, dit Lévêque, c'est inouï!

Le président Barroult agite fiévreusement la sonnette.

— Citoyens, citoyens, crie-t-il à plusieurs reprises.

Tout le monde continue à causer sans faire attention à lui.

— Si vous continuez plus longtemps, dit-il, à bout de patience, je *lâche* la présidence.

— *Lâchez* tout ce qu'il vous plaira, crie Lacord.

— Silence! silence!. Croyez-vous donc que c'est en procédant de la sorte que nous pourrons rendre une réponse raisonnable aux envoyés de la Ligue républicaine?

— Pour ma part, dit Fabre, je sais bien que je ne répondrais rien.

— Silence donc, crie Lacord, on ne s'entend pas ici! C'est toujours comme cela. (Il rit.)

— Je vous ai lu la lettre de la Ligue républicaine, dit le président. Nous allons entamer la discussion. Qui de vous désire prendre la parole?

— Moi! moi! crient plusieurs voix.

— Vous ne pouvez cependant pas la prendre tous à la fois. A qui le premier? Je vais ouvrir la liste des demandes. Je recommande au Comité de ne pas interrompre les orateurs comme on en a malheureusement l'habitude.

— Ce n'est toujours pas moi, s'exclame Lacord. (On rit.)

— Je demande à continuer, dit Bouit.

— C'est toujours lui!

— Si vous n'êtes pas satisfait, Gouhier, parlez à ma place.

— Je ne demande qu'à parler à mon tour.

— Assez! crie Lavalette; est-ce que vous allez nous ennuyer longtemps comme cela?

— Qu'est-ce qu'il a encore, celui-là, crie Lacord, il grogne toujours. *Chique*, prise ou fume, Lavalette; mais, pour l'amour de Dieu, tais-toi!

— Oh! cette tête! répond Lavalette. L'amour de Dieu! l'amour de Dieu! Ne dirait-on pas qu'il sort de la messe?

— Je veux bien être damné, crie le président furieux, si j'y comprends quelque chose! On se séparera encore aujourd'hui sans avoir fait quoi que ce soit.

— Si vous croyez que nous sommes venus ici pour faire quelque chose, dit Lavalette, vous vous êtes furieusement trompé. Si on avait voulu me nommer président, j'aurais nettement refusé.

— Vous n'en avez pas le droit, répond sèchement Gouhier.

— Qui est-ce donc qui parle là-bas? Ferme ton porte-monnaie et tais-toi... Et si j'avais accepté la présidence, j'y aurais mis une condition majeure. J'aurais demandé l'autorisation de pouvoir user de ma canne sur les doigts et les épaules des bavards.

— Certes, je t'aurais bien reçu! crie Lacord. Tu vois bien que tu ne peux pas tenir un moment ta vilaine *bavette* tranquille.

— Vilaine? dit Lavalette. Pas tant que la tienne.

— Montre-la.

Lavalette tire niaisement la langue.

Lacord, qui tenait à la main une plume d'oie, en trempe l'extrémité dans l'encre et la passe sur la langue de Lavalette en criant :

— Cache donc ton clavier, il y manque des touches !

Puis il se lève et fuit. Il n'était que temps. Lavalette, n'ayant pas de plume d'oie, enfonce vivement son doigt dans l'encrier, le renverse et éclabousse tous ses voisins.

Gouhier s'essuie en jurant et en criant qu'il a de l'encre dans l'œil.

Lavalette court autour de la table pour atteindre Lacord, qui fuit toujours, et met de l'encre sur tout ce qu'il touche.

L'ex-cuisinier parvient enfin à s'échapper dans le cabinet de Moreau, où il s'enferme au verrou.

Tout le monde rit ou se fâche. Le président fait des efforts inouïs pour conserver son sérieux.

Voilà à quoi passaient leur temps les membres du Comité central, pendant que les envoyés de la Ligue républicaine attendaient leur réponse ! C'est à n'y pas croire !

— C'est honteux ! dit enfin le président. Vous vous comportez comme de véritables gamins !

— Bah ! bah ! dit Lavalette, en essuyant ses

doigts aux pans de sa veste, tu sais bien, Barroult, que je suis ton aîné et que tu me dois le respect.

— Cela ne prouve pas que tu sois le plus raisonnable.

— A la bonne heure : battu et insulté !

— C'est ce Lacord qui a produit tout ce désordre, dit le président. Il est impossible avec lui d'avoir une séance convenable.

— Convenable ! crie Lacord, qui était entré dans la salle en marchant sur ses mains et qui s'était blotti derrière le fauteuil de Barroult.

« Je demande pardon à Lavalette, continuet-il, toujours caché, d'avoir insulté un homme aussi vénérable que lui.

— Vaurien ! crie Lavalette, si je t'attrape, tu sauras ce que cela vaut.....

— Pardonne moi, ça ne m'arrivera plus.

— Vrai ?

— Viens, car nous avons des questions plus graves à vider.

— Je ne demande pas mieux, mais ton air me fait trembler.

Lacord et Lavalette finissent par se raccommoder, et le président parvient à obtenir quelques instants de silence.

Le citoyen Léon Brin demande la parole et propose de nouveau l'introduction de M. le baron Dutilh.

— Plus tard, plus tard, crie-t-on. Occupons-nous de la Ligue.

— C'est le même résultat, plus sûrement obtenu.

Fabre coupe la parole à Léon Brin et l'empêche de continuer.

Le président se lève et demande à relire la lettre de la Ligue républicaine. Nous allons mettre aux voix, dit-il, l'admission ou le rejet des propositions de la Ligue, à peu près ainsi conçues :

« Considérant que l'Assemblée de Versailles est l'expression de la France ; que le Comité central est le seul pouvoir avec lequel l'Assemblée de Versailles puisse traiter ;

« Considérant que la Commune menace par ses actes de désorganiser Paris et de détruire tous les principes républicains, basés sur une réforme sociale sage et honnête ;

« Déclarons, nous, Ligue républicaine, la Commune déchue. Nous nous chargeons des préliminaires de paix et demandons tous pouvoirs pour traiter dans les conditions suivantes :

« 1º Le Comité central reprend ses pouvoirs du 18 mars ;

« 2º La Commune se retire et se démet de ses fonctions en faveur du Comité ;

« 3º L'Assemblée nationale et le Comité central feront appel à la France et l'inviteront à décider par un plébiscite la forme de gouvernement qu'elle désire. »

— Vous voyez, citoyens, dit le président, que la question est des plus graves et qu'on ne saurait trop la discuter. Le citoyen Bouit avait demandé la parole. Je l'invite à continuer.

— J'ai dit tout ce que j'avais à dire, répond Bouit.

Le citoyen Brin fait un discours dans lequel il invite le Comité central à accepter les conditions de la Ligue républicaine.

— Il le faut fatalement, dit-il; jusqu'ici nous n'avons fait que des sottises. Rappelez-vous que le Comité central a inscrit en tête de son drapeau ces mots si nobles : « Fédération de la garde nationale! » Continuer cette lutte insensée serait mentir à notre légende, violer le droit et faire couler infructueusement le sang!

Le citoyen Brin est vivement applaudi, mais au moment de voter, quelques membres demandent la levée de la séance et la remise de la discussion.

Vainement plusieurs voix réclament une solution immédiate. On ne les écoute pas et la séance est levée.

Ainsi fut traitée cette question de la Ligue républicaine, qui était pour le Comité central une question de vie et de mort. On s'étonnera après cela qu'on ait été obligé de prendre Paris à la baïonnette!

XXIII

Physionomie de l'Hôtel-de-Ville dans les derniers jours de la Commune. — Réponse de Pindy. — Le premier et dernier déjeuner des membres du gouvernement du 18 mars.

A partir de ce moment, c'est-à-dire quelques jours avant l'entrée des troupes à Paris, un vent de folie courut sur la Commune tout entière. On était entré dans la voie du crime et on commençait à avoir peur. Que se passait-il dans tous ces cerveaux détraqués qui se prenaient pour des génies? Il serait difficile de l'imaginer. Toujours est-il qu'à cette heure on vit des choses étranges. L'orgie du pouvoir avait tourné toutes les têtes. Des gens qui savaient à peine lire se trouvaient délégués et ministres et se figuraient parfaitement être à la hauteur de leur emploi.

— Ce n'est pas difficile d'être ministre! disait un jour l'un d'eux à un de ses amis, en se rengorgeant. On n'a presque rien à faire.

En effet, le malheureux avait compris que son ministère consistait à fumer des pipes, boire de la bière et signer quelques factures.

Ne pouvant répondre la plupart du temps aux gens qui venaient leur faire des propositions ou des communications, les délégués se les renvoyaient de l'un à l'autre.

Un jour, on vint proposer à Rousseau, président de la commission d'artillerie, des poudres nouvelles.

— Ce n'est pas mon affaire, répondit-il; c'est à Parisel qu'il faut s'adresser. Cela regarde les sciences.

L'inventeur chercha Parisel, — qui était toujours sorti, — et parvint à le découvrir, mais ce jour-là Parisel était trop fatigué. Il lui donna rendez-vous pour le lendemain, mais le lendemain il ne parut pas.

C'était partout ainsi. Tous les intérêts étaient traités de cette façon.

La solde de la garde nationale même ne se payait pas régulièrement. Certains gardes touchaient 6 ou 7 francs par jour, tandis que d'autres pouvaient à peine avoir leurs trente sous.

Voici comment on parvenait à se faire donner double et triple solde. Le tour était des plus simples.

On émargeait naturellement dans sa compagnie, soit 2 fr. 25 cent., avec les 75 cent. de la femme.

On se faisait inscrire ensuite sur le livre des volontaires de Bergeret, au Corps législatif.

On pouvait en même temps faire partie des volontaires du général Eudes, à la Légion-d'Honneur, et comme il n'y avait ni livre ni contrôle, on recevait à la fois sa solde dans les trois corps.

Quand on demandait à Bergeret des soldats, il répondait invariablement qu'ils étaient sortis et qu'ils se battaient hors des remparts. Eudes disait que les siens venaient de rentrer et qu'ils étaient exténués.

Nous avons dit déjà que deux, trois et même quatre bataillons bivouaquaient et campaient journellement dans l'Hôtel-de-Ville. Ils y avaient laissé, après un mois et demi de séjour, une telle odeur, qu'il était impossible d'entrer dans les salles ou les couloirs du monument sans se tenir le nez. Tout était souillé et en désordre. On aurait dit que les grandes salles avaient servi d'étable à des pourceaux. La paille sur laquelle couchaient les gardes nationaux était pourrie en certains endroits et ressemblait à une litière. Il y avait à côté des tessons de bouteilles. Le vin avait ruisselé sur les parquets. On sentait toujours là une âcre odeur d'orgie.

Et le menuisier Pindy, gouverneur à cette époque de l'Hôtel-de-Ville, se promenait dans

son palais empesté, chamarré de dorures, le
képi sur l'oreille, avec un air de triomphe et de
grandeur indicible.

Il recevait ses visiteurs avec toute la grâce et
l'aménité des hommes du grand siècle, et, n'é-
tait son langage et sa tenue de faubourien, on
l'aurait pris pour quelque grand seigneur dé-
classé.

Il avait constamment autour de lui une trentaine d'officiers d'état-major, qui le suivaient
partout et qui étaient toujours occupés à garder
sa personne. Impossible de les distraire un instant, même pour porter l'ordre le plus pressant,
de ce laborieux et difficile devoir.

Le citoyen-gouverneur Pindy ne consentait à
les laisser aller que lorsqu'il s'agissait de quelque
arrestation. Alors il se faisait amener le coupable, — enchaîné, — et l'interrogeait lui-même
pour lui faire voir qu'il était à sa discrétion.

Un jour quelqu'un dit à Pindy :

« Que diable fait-on donc dans l'Hôtel-de-
Ville ? On dirait une succursale de la compagnie
Richer. Je ne puis pas y rester dix minutes sans
avoir besoin de prendre l'air.

— Vous êtes bien sensible, répondit naïve-
ment le gouverneur, moi je ne m'aperçois de
rien.

Néanmoins, au réfectoire, on était encore bien
traité.

Chaque jour était mis un splendide couvert, qui n'était enlevé que le soir. Dans les trois salles de l'entresol, les tables étaient chargées de cristal et de bouteilles poussiéreuses.

Malgré le décret qui supprimait les cuisiniers de l'Hôtel-de-Ville, une multitude de garçons de salle circulaient sans cesse autour des tables.

Le maître d'hôtel, gras et ventru, montait de temps en temps surveiller son monde. Il se transportait laborieusement de table en table, grondant un convive qui se tenait mal, complimentant l'autre, comme un papa au milieu de ses enfants, puis il retournait à sa cuisine donner des ordres et surveiller la cuisson des mets.

Il ne s'apercevait pas le moins du monde qu'il avait changé de maître et de drapeau.

D'ailleurs, une douce familiarité s'était rapidement établie entre les convives et leurs serviteurs.

Le jour de l'installation du Comité central à l'Hôtel-de-Ville, les garçons se tenaient autour des tables, raides et craintifs, ne sachant comment on allait les traiter; mais quand ils eurent vu les membres du nouveau gouvernement qui entraient au réfectoire en se bousculant et en criant, comme des collégiens loin de leur surveillant, ils se trouvèrent moins gênés.

Au dessert, on les invita à boire à la santé de

la République, et tout le monde trinqua ensemble en s'embrassant.

Il n'y avait plus de maîtres et plus de serviteurs.

Le gros majordome fit le premier sa profession de foi, et chacun de ses aides l'imita. C'était splendide de démocratie.

Hélas! le 23 mai, après l'entrée des troupes dans Paris, tout cela changea d'allure et de physionomie.

Les domestiques sont quelque peu caméléons. Ils oublièrent les deux *vertus* républicaines, l'égalité et la fraternité, qui les avaient fait vivre en bonne intelligence, pendant deux mois, avec les maîtres de l'Hôtel-de-Ville, et se montrèrent plein d'ingratitude envers leurs frères dans le malheur.

Le 23, vers onze heures du matin, un commandant d'état-major et son ordonnance, qui revenaient exténués des premières barricades, entrent dans le grand salon qui servait de réfectoire.

Ils demandent à déjeuner, mais le maître d'hôtel, autrefois si humble et si courtois, leur déclare très-sèchement qu'il ne peut pas leur donner à manger sans avoir un bon de l'intendance.

— Il ne vous fallait pas tant de formalités le

jour de la proclamation de la Commune, observe le commandant au majordome.

Mais celui-ci lui tourne les talons sans daigner lui répondre, et le commandant est obligé d'aller à l'intendance réclamer des bons de déjeuners, car il était absolument impossible de trouver à ce moment un restaurant ouvert autour de l'Hôtel-de-Ville.

Il revient un instant après, suivi de son ordonnance, muni des cachets verts de l'intendance qu'il donne au maître d'hôtel.

Celui-ci les prend d'un air fort dédaigneux et sort en grommelant.

Il n'y avait pour tout couvert dans le réfectoire qu'un couteau usé, une fourchette en fer et un verre sale, le tout posé sur une table nue et malpropre, sans nappe et sans serviette.

— Vaurien ! dit le commandant à cette vue, mais il s'assied néanmoins, car il avait une faim canine ; il avait passé sa nuit et sa matinée à courir de barricades en barricades.

Il demande au garçon de combien de plats se compose le déjeuner.

— Nous avons du veau froid et de la chicorée, répond celui-ci.

— Allons, c'est bien, mais servez le plus tôt possible, car il y a de la besogne dehors.

— Il faut toujours le temps d'aller chercher les plats, grommelle le garçon.

Il revient dix minutes après, le sourire aux lèvres, et dépose devant les deux convives affamés un reste de viande que l'on n'aurait pas vu figurer sur la table d'un bouge de barrière.

— Voyons , s'écrie le commandant furieux, est-ce une plaisanterie ou une mystification ?

— Monsieur n'est pas content ? répond le garçon d'un air goguenard, mais il faut qu'il s'en contente, car c'est tout ce qu'il y a.

L'ordonnance s'empare de l'assiette et en dévore le contenu, tandis que le commandant se demande s'il ne doit pas châtier comme elle le mérite une telle insolence, mais il se dit que cela ne l'avancera guère et prend le parti de subir son mal en patience.

Il demande en riant si la chicorée se fera longtemps attendre.

Le garçon descend et revient un moment après avec un plat de légumes impossible à manger et un morceau de fromage de Gruyère dur et crevassé.

— C'est tout ce que nous avons pour dessert ? dit l'ordonnance.

— Zut ! répond le garçon.

Le commandant cherche dans un coin un bâton pour en frapper le drôle, mais celui-ci s'esquive et ne remonte plus.

Dix minutes après entre un autre garçon tenant une cafetière à la main.

— Voyons, décidément, est-ce que vous per-dez tous la tête, dit le commandant, vous savez bien que nous n'avons pas de tasses ?

— Il a été impossible d'en laver assez pour tout le monde, répond le nouveau garçon.

A cette dernière insolence, le commandant n'y tient plus. Il culbute la cafetière et celui qui la portait, qu'il assomme à demi à coups de poing.

Il sort ensuite du réfectoire avec son ordonnance.

En descendant, il aperçoit le maître d'hôtel, ventru et souriant, étalé dans un large fauteuil.

— Comment, lui dit-il, c'est ainsi que vous traitez ceux qui se battent pour un principe démocratique ?

— Ah ! se battre est facile, répond celui-ci, mais bien traiter tout le monde est plus malaisé.

Le commandant tire vivement son sabre et veut en percer le majordome; mais il réfléchit, remet son arme dans le fourreau et sort de l'Hôtel-de-Ville, la mort dans l'âme.

Il avait vu, par cette simple scène, que l'étoile de la Révolution avait pâli, et qu'avec elle allait tomber tout son pouvoir et tout son prestige.

Il entendait le canon gronder et les balles siffler à travers les rues.

Tout était triste et morne, les maisons fermées, les places barrées par des pavés. Les gardes nationaux qui l'avaient acclamé se cachaient comme des bêtes fauves dans l'encoignure des portes et le fuyaient plutôt qu'ils ne le saluaient.

L'heure du châtiment, l'heure de la mort peut-être allait sonner!

XXIV

Entrée des troupes de Versailles dans Paris. — Effet produit
au ministère de la guerre par cette nouvelle. — Déména-
gement. — Réunion du Comité central à l'Hôtel-de-Ville.
— Fuite de la Commune.

Il est facile de comprendre qu'avec une police
et une organisation militaire comme celles dont
disposait la Commune, Paris était bien mal
gardé.

Il suffisait au gouvernement de Versailles d'a-
cheter le mot d'ordre et de faire déguiser quelques soldats en gardes nationaux.

C'est ce qui arriva le dimanche 21, en plein
jour, à cinq heures du soir, à la porte Maillot.

Les troupes entrèrent sans coup férir.

La Commune et le ministère de la guerre ne se
doutaient de rien. Ils pensaient, à ce moment, à
toute autre chose.

Cependant le bruit de l'entrée de l'armée régulière dans Paris arriva vers la nuit au ministère.

On dépêche immédiatement le jeune capitaine d'état-major de Beaufort pour aller se rendre compte de la situation.

Il part ventre à terre à la porte Maillot et revient quelques instants après.

Les membres de la Commune l'attendaient dans un petit café qui fait le coin de la place du Corps législatif.

— Eh bien! lui dit le citoyen Moreau, qu'y a-t-il?

— Mais rien, répond de Beaufort. Je suis allé jusqu'à la porte. On a répondu partout au mot d'ordre.

— Vous ne nous cachez rien? continue Moreau. Vous savez que c'est sérieux!

— Encore une fois, mon cher, répète de Beaufort, je vous affirme qu'il n'y a rien.

On s'assied complétement rassuré lorsque tout à coup entre dans le café un officier épouvanté et couvert de sueur.

Il va vers Moreau et lui dit tout bas à l'oreille :

— Nous sommes vendus et trahis! Les Versaillais sont entrés!

— Mais c'est impossible, répond Moreau; voilà de Beaufort qui revient de la porte Maillot et qui nous affirme que cela n'est pas.

— Sapristi! crie l'officier, croyez-vous donc
que je sois fou?

Moreau fait un signe à de Beaufort.

— Voyons, lui dit-il, que nous avez-vous
raconté tout à l'heure?

— Qu'il n'y avait rien; que c'était un faux
bruit, et je vous l'affirme de nouveau.

Une vive discussion s'engage entre l'officier
qui vient d'entrer et le capitaine, mais sans amener de résultat. On n'ajoute pas plus confiance
aux paroles de l'un qu'aux affirmations de l'autre. Bref, on se décide à envoyer deux membres
du Comité central prendre des renseignements.

Chouteau et un de ses amis prennent une voiture et ils rapportent une réponse affirmative.

Le capitaine de Beaufort, inculpé de trahison,
a été fusillé par les gardes nationaux.

La nouvelle une fois confirmée, on se met en
devoir de quitter le ministère. On emmène au
galop les chevaux et les voitures. On emporte à
l'Hôtel-de-Ville les livres, les papiers et les
armes, dont la moitié fut pillée ou égarée en
chemin.

Quant à Delescluze, il ne savait où donner de
la tête, et l'état-major qui l'entourait n'était
guère moins affolé que lui. Il signait tout ce
qu'on lui présentait et quand on lui demandait
des ordres, il répondait :

— Faites tout ce que vous voudrez, pourvu que vous vous défendiez!

Le lendemain, à dix heures, une partie du Comité central se réunissait dans une petite salle de l'Hôtel-de-Ville, devant une petite table en sapin, sans tapis.

Les nouvelles étaient mauvaises. Les troupes de Versailles avaient fait des progrès.

Le citoyen Rousseau est nommé président.

Lacord demande la parole.

— Citoyens, dit-il, le moment approche, et chacun de nous doit être à son poste.

— Quel poste? crient plusieurs voix.

— Celui du danger, répond Lacord.

— Alors nous ne voyons pas trop ce que nous faisons ici.

— Pardon, citoyens, dit Léon Brin, c'est l'instant de montrer de l'énergie et de l'intelligence. Si vous voulez m'écouter, je vais vous indiquer le meilleur chemin à suivre. A deux reprises différentes, je vous ai fait une proposition que vous avez rejetée. Voulez-vous la prendre en considération? Il en est peut-être temps encore.

— A vous entendre, citoyen Brin, dit Fabre, on croirait que vous disposez de la volonté de l'Assemblée de Versailles.

— Peut-on prendre les choses sur un pareil ton, dans des circonstances comme celles que

nous traversons ! Est-il possible que les membres
du Comité central manquent jusqu'à la fin de
bon sens et de logique ! Non, jamais la France ne
saura dans quelles mains son avenir a reposé
pendant quelques mois. Je le déclare ici hautement, c'est le Comité central que je trouve le
plus coupable. Il pouvait conjurer tant de malheurs, et il ne l'a pas fait ! Il avait sous son obéissance toute la garde nationale ; d'un signe il lui
était possible d'éviter à Paris de sanglantes
représailles.

— Mais, dit Rousseau, si l'on écoutait le
citoyen Brin, on s'imaginerait que l'on va
égorger tous les habitants de Paris.

— Non-seulement, dit Brin, on va faire périr
tous les combattants, mais, à l'heure qu'il est, la
moitié des habitants de Paris est en danger.
Paris, en ce moment, repose sur un volcan et
court un péril dont il ne se rend même pas
compte, péril affreux, épouvantable.

— Et lequel ? bon Dieu ! dit Rousseau.

— Parbleu ! répond Léon Brin, s'il me plai-
sait d'imiter les membres de la Commune, je
vous dirais comment on peut, en vingt minutes,
faire de Paris un monceau de ruines et de
cadavres.

Rousseau, le président, se lève et dit d'un ton
solennel :

— Il est incontestable que le citoyen Léon

Brin possède des moyens de destruction qu'il pourrait nous indiquer, si cela lui était agréable. Je demande donc qu'il fasse immédiatement ses offres au Comité central. Le citoyen Brin est-il décidé à nous éclairer sur ce point?

— Pas du tout, répond Brin. Je vous ai démontré il y a quelque temps, citoyen Rousseau, comment Paris pouvait être détruit par quelques hommes, et en peu d'heures. Cette idée m'était venue au moment où les Prussiens nous menaçaient, car alors j'aurais aimé voir sauter la ville plutôt que de la laisser envahir par l'ennemi.

— En effet, dit Rousseau, je me le rappelle. C'était le 20 ou le 21 février.

— Vous savez, ajoute Brin, que je ne mens pas, et que ce que je dis peut se faire.

— Oui.

— Eh bien ! permettez-moi de n'en pas parler ici, je serais désolé maintenant que cela arrivât.

— Et moi également, répond le président.

— Passons donc à un autre sujet.

— Lequel ?

— Celui d'un arrangement immédiat entre Versailles et nous.

— Nous? dit le président. Est-ce que nous sommes la cause de ce qui arrive ?

— Pas précisément, mais avouez qu'avec un peu plus d'entente et un peu moins de faiblesse nous aurions pu assurer un meilleur résultat.

— C'est vrai !

— Il est encore temps. Emparons-nous de la Commune et finissons-en tout de suite. Qu'on rédige immédiatement un procès-verbal que tout le monde signera. Je me charge de le faire parvenir aux avant-postes.

— Qui le portera ? dit Lacord.

— Moi ! s'il le faut, répond Brin.

— On vous tuera.

— Que m'importe ! Ils n'oseront pas tirer sur un drapeau blanc. Est-on disposé, oui ou non, à rédiger et à signer le procès-verbal ?

— Oui ! oui !

— Vous êtes tous décidés à arrêter sur-le-champ tous les membres de la Commune ?

— Certainement !

— Eh bien ! alors, un peu de courage, et c'est une affaire faite. Il y a un mois que vous auriez dû me donner raison. Nous ne serions pas aujourd'hui dans cet embarras. Qui se charge de faire le procès-verbal ?

— Moi ! dit Lacord, mais permettez-moi de vous faire auparavant une réflexion.

— Qu'est-ce ? dit le président.

— Croyez-vous que la Commune soit assez courageuse pour nous attendre tranquillement, nous et les Versaillais, dans l'Hôtel-de-Ville ? Je suis persuadé qu'on ne trouvera pas en ce moment trois personnes dans la salle des Maires.

— Ce n'est pas possible, dit Barroult.

— C'est tellement possible, que j'y suis allé tout à l'heure et que je n'y ai pas découvert un seul de nos lapins. Je crois que depuis vingt-quatre heures au moins ils ont jugé à propos de se mettre en sûreté.

— C'est trop fort ! dit Rousseau.

— C'est comme cela.

— Voilà qui est joué !

— Mais nous avons le droit de les déclarer déchus ?

— A tout à l'heure. Voilà quinze heures que je n'ai ni bu, ni mangé, dit le président. Je vais descendre au réfectoire. Que ceux qui ont faim fassent comme moi !

La séance est levée.

On se donna rendez-vous pour une heure, dans la salle Bleue, occupée auparavant par les secrétaires de la Commune.

Pendant que cela se passait, le canon grondait dans Paris. A chaque instant arrivaient à l'Hôtel-de-Ville des estafettes épouvantées, qui croyaient avoir les Versaillais à leurs trousses.

On entassait les pavés, les voitures et les meubles sur les barricades. Les gardes nationaux, graves et sinistres, le genou à terre, attendaient silencieusement, autour de l'Hôtel-de-Ville, le moment de l'attaque.

XXV

Dombrowski rentre à Paris en prisonnier. — Il est mis en liberté par le Comité de salut public. — Sa mort derrière une barricade de Montmartre.

Que faisait donc, au commencement de la lutte dans Paris, le général en chef des armées fédérées, le citoyen Dombrowski?

Ce soldat, qui avait tant de fois exposé sa vie pour relever le moral de ses troupes, accusé de trahison et de complicité avec Versailles, était ramené dans la capitale par la porte Saint-Ouen, au milieu d'officiers d'état-major porteurs d'un mandat d'amener signé par la Commune.

Le général était pâle et triste. Il se voyait déshonoré.

Sur le boulevard Magenta, en face de la gare de Strasbourg, il rencontre un membre du Comité central, qui le salue et l'invite à se rafraîchir.

Dombrowski descend de cheval et entre dans un café, toujours entouré des officiers qui le conduisaient.

— Oh ! mon ami, dit-il au membre du Comité, les larmes dans les yeux, je suis bien triste ! Vous savez si je suis homme à trahir la cause pour laquelle je combats. Eh bien ! vous me voyez en ce moment reconduit à Paris en prisonnier de guerre. Tout est fini. Personne ne m'aime plus. Mon nom n'est plus prononcé qu'avec des malédictions. Je passe pour un traître.

Le membre du Comité se lève :

— Citoyens, dit-il tout ému aux officiers de l'escorte, on soupçonne le général Dombrowski? Moi, membre du Comité central, j'affirme qu'il a toujours fait son devoir comme un homme de cœur et un vaillant soldat.

Le lieutenant-colonel commandant l'escorte se lève à son tour, et s'adressant à Dombrowski :

— Général, affirme-t-il, croyez bien que, pour ma part, je n'ai pas contre vous le plus léger soupçon. La Commune, ou plutôt le Comité de salut public, m'a donné l'ordre de vous faire rentrer dans Paris sous bonne garde, parce qu'on prétend avoir des griefs contre vous. Je suis soldat, je dois l'obéissance à mes chefs. Pardonnez-moi donc si je suis dans la nécessité de remplir un mandat qui m'est si pénible.

Dombrowski saisit les deux mains du lieutenant-colonel.

— Oui, vous êtes soldat ; oui, vous êtes obligé d'obéir, lui crie-t-il. Voilà ce que toute la garde nationale aurait dû comprendre, et personne ne serait où on en est.

— Vous allez à l'Hôtel-de-Ville ? dit le membre du Comité à l'oreille du général.

Celui-ci répond affirmativement.

— Vous savez comment et quand vous allez y entrer, mais on ignore de quelle façon vous en sortirez. Racontez-moi au plus vite tout ce qui s'est passé là-bas.

— Oh ! nous n'avons guère le temps.

— Qu'importe ! Le Comité central a besoin d'être renseigné. Vous savez qu'il n'est guère d'accord avec la Commune ?

— Je le sais.

— Alors, dites-moi, je vous en prie, tout ce qui est arrivé, afin que j'en puisse faire mon rapport dans la séance de ce soir, — s'il y en a encore, — et si la Commune avait le malheur de toucher à un de vos cheveux, je la plaindrais.

— Oh ! quelle preuve voulez-vous qu'elle ait contre moi ?

— Lorsque dans la Commune on a eu le malheur d'exciter la moindre jalousie, cela vous est

toujours fatal. Rappelez-vous Cluseret. Vous
savez combien Rossel était jaloux de vous, de
votre réputation si méritée. Pour tous ces gens-là
il ne fallait qu'une occasion pour vous arrêter.
Elle s'est présentée aujourd'hui, ils en profitent.
La supériorité est leur ennemie le plus jurée.

— Enfin, expliquez-moi cela, si vous le pouvez. Voilà tous les soldats que j'avais avec moi. Il
est facile de les compter. Il sont cinq ou six cents
à peu près.

— Comment ? c'est là votre état-major et
votre armée ?

— C'est tout, et je n'ai jamais eu beaucoup
plus d'hommes.

— C'est trop fort ! Le Comité central s'imagi-
nait que vous aviez avec vous de sept à huit mille
gardes nationaux.

— Et pour si peu de soldats que vous voyez là,
j'ai manqué de vivres la plupart du temps. C'est
indigne ! Quand on m'en envoyait, il y en avait
trois fois trop; alors les gardes, insubordonnés
comme ils le sont, se précipitaient sur la viande
et sur la boisson; ils s'enivraient et rentraient
dans Paris sans qu'il soit possible de les re-
tenir.

— Il fallait en faire fusiller quelques-uns, cette
punition aurait servi d'exemple aux autres.

— J'ai employé ce moyen deux ou trois fois,
mais il m'a bien mal réussi. On se gênait si peu

qu'on me fit des menaces et qu'on tenta à plusieurs reprises de m'assassiner.

— Mais de quoi peut-on vous accuser pour vous faire rentrer ainsi dans Paris en prisonnier?

— Oui... en prisonnier, répéta le général devenu tout pensif. Si je ne considérais pas le suicide comme une lâcheté, je me serais brûlé la cervelle hors de Paris, car je souffre horriblement d'être obligé de passer sur les boulevards, entouré de soldats. Tout le monde me regarde et se dit : « Voilà un traître ! » Traître, moi?

— Ne vous laissez pas aller à d'aussi tristes pensées. Présentez-vous hardiment devant cette famille de fous qu'on nomme la Commune, et si Ranvier ou Eudes se trouve là, il vous sera facile de leur démontrer que vous êtes innocent; que ce sont eux, au contraire, qui vous doivent honneur et remercîment.

— Je crois avoir entendu dire qu'ils m'accusaient d'avoir facilité l'entrée à l'armée de Versailles.

— Ces gens-là sont capables de toutes les infamies !

— Oh ! je les connais bien.

Le général s'était fait verser un verre de madère. Il le but, embrassa le membre du Comité central, monta à cheval et se dirigea vers l'Hôtel-de-Ville.

C'est le Comité de salut public qui le reçut. Il

lui fut facile de prouver la fausseté des accusations portées contre lui.

Les officiers de sa suite fournirent des renseignements précis sur l'entrée des soldats de Mac-Mahon, et on mit le général en liberté après lui avoir fait des excuses.

Le lendemain Dombrowski était de nouveau ramené à l'Hôtel-de-Ville, mais cette fois il était blessé mortellement. Il avait reçu, derrière une barricade de Montmartre, rue Myrrha, trois balles dans la poitrine.

On le déposa sur un lit de parade, dans la salle blanche qui précède la salle dorée. Il ne tarda pas à expirer, et toute la journée, pendant qu'on se battait au dehors et que les projectiles pleuvaient déjà sur la place de l'Hôtel-de-Ville, les gardes nationaux venaient embrasser son cadavre.

XXVI

Le ministère des finances. — Dernière séance du Comité
central. — Arrivée de deux membres de la Ligue républicaine. — Dernière affiche rédigée par le Comité central.

Une des parties de Paris les plus curieuses à
observer le lundi, après l'envahissement de la
porte Maillot, c'était bien le ministère des finances.

Il était littéralement encombré par les fournisseurs de la Commune qui venaient essayer de
toucher le montant de leurs factures.

Nul crayon ne pourrait rendre l'air inquiet et
effaré de cette foule affolée, passant, d'heure en
heure, du plus grand espoir à la crainte la plus
vive.

Certes, ceux-là ne désiraient pas le triomphe
du gouvernement de Versailles. Quelques-uns
avaient sur le front de grosses gouttes de sueur

froide. Ils se suspendaient aux bras des employés et réclamaient à cor et à cris Varlin et Jourde.

La Commune n'avait pas l'intention de faire perdre de l'argent à ses créanciers, mais elle se trouvait démunie de numéraire.

Une demi-journée se passa dans cette attente et cette anxiété.

De minute en minute, on demandait des nouvelles. On sortait dehors pour écouter si le tir se rapprochait, et l'argent n'arrivait pas.

Enfin, dans l'après-midi, on voit apporter des sacoches pleines d'or et de billets de banque.

Aussitôt toutes les physionomies changent d'aspect. Les figures s'épanouissent, et on ne pense même plus aux Versaillais et au danger que l'on court.

Toutes les factures visées furent payées intégralement.

On ne laissa sans acquit que celles qui n'étaient pas en règle.

Nous avons dit déjà que les membres de la Commune s'étaient dispersés dès le premier soir de l'entrée. Nul ne savait où ils étaient passés. Vainement parcourait-on les salles de l'Hôtel-de-Ville. C'est à peine si on parvenait à y rencontrer encore quelques-uns des chefs des commissions.

Quant au Comité central, il s'était déclaré en

permanence dès le dimanche soir et n'avait pas
cessé de siéger. Ses membres étaient épuisés de
fatigue.

Le mardi matin, à midi, ils dormaient tous
sur leurs pupitres dans la salle qui avait servi de
bureau à la commission médicale. On n'aurait
pas cru, en les voyant si calmes et si tranquilles,
que la plupart d'entre eux touchaient à leurs
derniers moments.

Vers une heure, tout le monde se réveille au
grondement du canon qui se rapproche.

On sort un instant sur la place pour prendre
l'air et on revient en séance.

Houzelot est nommé président.

Lacord demande la parole.

Contre son habitude, l'ex-cuisinier paraît
sombre.

— Citoyens, dit-il d'une voix ferme et solennelle, vous savez que le Comité central n'a pas
voulu répandre le sang d'autrui. Il n'a sacrifié
personne à son ambition ou à son amour-propre.
A l'heure critique où nous sommes, tout le
monde commet la fatale erreur de confondre le
Comité central avec la Commune, et vous savez
quelle lutte acharnée nous avons toujours soute-
nue contre cette dernière. Nous sommes vaincus!
Expliquons donc clairement nos volontés, et
qu'avant de mourir chacun sache bien que c'est
par la Commune que toutes les fautes ont été

commises, que c'est par la Commune que la République a été déshonorée. Montrons à la garde nationale que si nous avons été faibles, nous n'en sommes pas moins restés d'honnêtes gens. L'histoire seule pourra nous rendre cette justice.

« Nous savons certainement que la France n'a pas de remercîments à nous faire, mais néanmoins détruisons l'opinion erronée que l'on peut avoir de nous dans le public et prouvons une dernière fois que le Comité central et la Commune forment deux camps tout à fait distincts.

— On dirait vraiment, crie à cet endroit le citoyen Fabre, que le citoyen Lacord plaide à la barre sa propre cause.

— Si je voulais être jugé par quelqu'un, répond Lacord en colère, ce n'est pas à vous que je m'adresserais, car vous n'avez pas assez de bon sens pour cela.

— Bah! c'est au moment de nous quitter que nous allons nous fâcher?

— Nous fâcher? Je ne m'adresse ici qu'aux personnes raisonnables. Ne prenez donc rien de ce que je dis pour vous.

— Je vous remercie.

— Au fait, vous m'ennuyez, et vous choisissez, vous l'avouerez, un drôle de moment pour taquiner les gens qui cherchent à vous donner de bons conseils. Vous auriez mieux fait de rester couché. Je ne vous reconnais pas le droit de m'interrompre ainsi. Les choses que je dis sont trop sérieuses pour être compréhensibles pour vous.

— Appelez-moi imbécile tout de suite, je l'aime mieux.

— Vous n'auriez jamais été mieux nommé.

— Mais, dit le président, si vous continuez ainsi, citoyens, je crois que nous allons encore perdre notre temps.

— Est-ce ma faute? répond Lacord. Il faudrait donner à quelques-uns de ces chiens-là une muselière au vestiaire.

On supplie l'orateur de continuer sans se préoccuper davantage des réflexions saugrenues de Fabre.

— Je vous disais donc, continua Lacord, qu'il fallait que le Comité central fasse savoir à la France et à l'Europe entière que ses intentions ont toujours été pures, et, pour cela, je propose de rédiger une adresse au peuple de Paris, mais pas une adresse dans le genre de celle de Delescluze; non, une adresse raisonnable et faite dans un esprit tout à fait opposé.

« Je ne veux pas qu'après ma mort ma famille soit regardée comme la famille d'un assassin. Nous avons le dessous, et je sais à peu près comment on va nous arranger. Mettons-nous à l'abri de ce jugement, qui a parfaitement sa raison d'être pour les personnes qui ne nous connaissent pas. Occupons-nous immédiatement de nos dernières volontés.

— Je ferai remarquer au Comité central, dit Fabre, qu'en se rendant au désir de Lacord il a l'air de s'excuser et de demander pardon d'avoir fait la révolution du 18 mars.

— Le citoyen Fabre, dit Léon Brin, est-il donc assez fou pour ne pas savoir que la révolution du 18 mars s'est faite toute seule, sans préméditation et sans plan? Le citoyen Lacord a raison. Quand nous serons tous morts pour la République, nos enfants seront appelés à nous juger. Notre devoir est de les éclairer le plus possible sur tout ce que nous avons fait. Malheureusement, nous n'en avons guère le temps!

— C'est pourquoi notre devoir, répond Fabre, serait plutôt de nous mettre derrière les barricades pour encourager les gardes nationaux. Cela vaudrait mieux que de passer ainsi notre temps à nous disputer pour rien.

— Est-il possible d'entrer en discussion avec du monde comme cela? dit Lacord. Je demande, pour la dernière fois, que cette adresse soit rédigée sur-le-champ. Je ferai ensuite tout ce que l'on voudra. Mais, je vous en supplie, commençons par là.

A ce moment, on vient annoncer au Comité central la visite des représentants de la Ligue républicaine.

Après une courte consultation, le président fait répondre qu'on les recevra tout de suite.

— Citoyens, dit précipitamment Lacord, que pas un de nous ne prenne la parole; laissons-les s'expliquer les premiers. Je suis persuadé qu'ils viennent nous proposer ce que nous voulions faire nous-mêmes il y a trois jours.

Le citoyen Bonvalet entre dans la salle du Comité central, accompagné d'un membre du Comité de la Ligue républicaine, âgé de cinquante-cinq ans à peu près, de taille élevée, portant une longue barbe grisonnante, la tête presque chauve.

— L'Assemblée de Versailles, dit le citoyen Bonvalet, ne voudra jamais composer avec la Commune; mais si vous le voulez, un arrangement est encore possible.

« Il faut déclarer d'abord la Commune déchue, arrêter ses membres et prendre leur place. Je puis vous affirmer qu'on traitera avec vous dans ces conditions.

— Vous voyez bien que j'avais raison, dit aussitôt Lacord. Voilà trois jours, citoyen Bonvalet, que je fais tout ce qu'il est possible de faire pour amener une solution de ce genre. Depuis près d'un mois je travaille avec Léon Brin pour arriver à faire mettre à Mazas toute cette bande d'abrutis.

— Certes, voilà ce qu'il aurait fallu! s'écrie Bonvalet en tressautant sur sa chaise, et tout aurait été comme sur des roulettes, tandis que vous voilà tombés dans un bourbier d'où il vous sera difficile de sortir. Comment tout cela va-t-il finir? C'est désolant!

— La Commune est dispersée, dit Léon Brin, mais le Comité de salut public est encore là. Mettons-le sur-le-champ en état d'arrestation, puis on en donnera connaissance aux avant-postes. Si un arrangement est impossible, nous aurons toujours la consolation d'avoir fait notre devoir.

— C'est vrai!

— Voulez-vous me permettre, dit Bonvalet, de vous expliquer la manière dont nous pourrions nous y prendre!

— Comment se fait-il, dit Gouhier, que le citoyen Bonvalet puisse affirmer qu'un traité est possible avec les avant-postes?

— Mais parce que nos mesures sont prises pour cela. Vous croyez donc être les seuls républicains de l'univers?

— Non!

— Eh bien! pourquoi ne serais-je pas en position de faire ce que j'avance? Je sais bien que pour arriver aux avant-postes on a quelques mauvaises chances à courir; mais, morbleu! qui ne risque rien n'a rien, et avec du cœur il est facile de braver le danger. Du reste, j'ai mon plan tracé à l'avance; vous devez bien le comprendre.

— Allons, Gouhier, dit Lacord, pourquoi être

si soupçonneux dans un moment semblable?
Perds-tu la tête!

— Pas plus que toi.

— Alors, si tu n'as que des sottises à dire,
tais-toi. Fume ta pipe et donne-nous la paix.

Gouhier se met à rire.

— Citoyens, dit Léon Brin, je vous en supplie,
réfléchissez bien à tout ce qui se passe. Vous savez qu'hier encore on est venu nous proposer de
faire sauter Paris. Vous avez énergiquement refusé de vous prêter à cet acte infâme, mais vous
pouvez être débordés, et vous savez que toute la
responsabilité retombera sur nous. Vous n'avez
pas le droit de refuser les offres que viennent
nous faire les citoyens de la Ligue républicaine.
Quant à moi, j'appuie de toute mon âme les
propositions du citoyen Bonvalet.

— Pour un commandant d'état-major, dit
Fabre, croyez-vous que Brin a assez grand'peur
des coups de fusil?

— Vous devez savoir à quoi vous en tenir à ce
sujet, répond Léon Brin. Dans un autre moment,
je vous apprendrais à réfléchir deux fois avant de
parler, mais aujourd'hui faisons d'abord notre
devoir, et rappelez-vous qu'il n'y a qu'un seul
moyen de sauver la situation : c'est la conciliation.

J'ai déjà proposé de faire tout moi-même avec
mon frère et les frères Okolowich. C'est encore
vous qui vous êtes opposé à notre projet. Il est

bien évident qu'à ce moment-là si nous avions manqué la Commune, celle-ci ne nous aurait point manqué. Je ne suis donc pas tout à fait aussi poltron que vous voulez bien le dire.

On fait observer que l'heure s'avance.

Alors le secrétaire du Comité, sous la dictée de Lacord, rédige une affiche dans laquelle le Comité central déclare la Commune dissoute. L'Assemblée nationale suivra son exemple, et la France sera appelée à se choisir un gouvernement définitif.

— Le Comité central se démettra également de ses pouvoirs, ajoute Léon Brin.

— Qui fera faire les élections générales?

— Un gouvernement provisoire installé à Versailles.

— Pourquoi pas à Paris?

— Nous ne pouvons pas imposer ce choix. Ce serait une nouvelle révolution.

Le citoyen Bonvalet se retire, et promet de revenir dans une heure, quand l'affiche sera terminée.

En effet, il ne tarde pas à retourner à l'Hôtel-de-Ville et emporte le placard.

Pendant ce temps les événements se précipitaient. L'armée de Versailles avançait avec une vitesse prodigieuse. Les buttes Montmartre étaient cernées et allaient tomber au pouvoir de Mac-Mahon. Il n'y avait pas une minute à perdre.

XXVII

On vient offrir au Comité central de faire sauter Paris. — Les citoyens Rousseau, Barroult, Léon Brin, membres du Comité, Arthur Brin et les frères Okolowich parviennent à éconduire les trois individus qui viennent faire cette proposition.

La séance que nous venons de raconter était à peine terminée, à huit heures du soir, qu'on venait annoncer au Comité central qu'un homme, se disant chimiste, désirait lui faire des propositions d'une extrême gravité.

Il n'y avait plus alors dans la salle que les citoyens Rousseau, Brin et Barroult.

On introduit l'individu et on lui demande ce qu'il désire.

— Faire disparaître Paris d'un seul coup, répond-il.

— Vraiment! dit Rousseau. La besogne est peut-être un peu rude.

— Pas du tout, réplique froidement le jeune homme, car c'était un jeune homme de vingt-sept à vingt-huit ans au plus.

Il portait une barbe noire peu fournie mais longue. Il avait des yeux grands et intelligents.

Quand il se présenta au Comité, il mâchonnait un cigare qui lui avait sali les lèvres. Était-il réellement gris? ou cet effet était-il produit par l'impression que lui causait le crime qu'il allait commettre? Toujours est-il qu'il tremblait de tous ses membres et qu'il avait bien de la peine à se tenir sur ses jambes.

— Voulez-vous, répéta-t-il une seconde fois, faire sauter Paris oui ou non?

Brin fit signe à Rousseau, auquel s'adressait particulièrement le jeune homme.

Rousseau comprit.

— Tenez, lui dit-il, adressez-vous au citoyen Brin; lui seul ici est capable de vous comprendre.

Brin remercia Rousseau d'un coup d'œil.

— Avant de vous répondre, dit-il au chimiste, voulez-vous me permettre de vous demander votre nom et votre adresse?

— Je ne puis vous le dire que si vous consentez à faire ce que je vous demande.

— En ce cas, pouvez-vous nous développer vos idées, nous expliquer votre projet?

— Parfaitement,

— Nous verrons alors ce que nous aurons à faire.

— C'est très-bien. La chose est des plus simples. Il suffit de fermer à peu près hermétiquement les colonnes majeures du gaz à certains endroits, et d'y introduire une petite quantité d'oxygène pur.

« Avec ce mélange détonant on peut remplacer avantageusement le fulminate. Les effets seront prodigieux, je vous l'affirme. »

Léon Brin change de couleur.

— Voilà ce que je craignais, dit-il bas à Barrault.

« Mais, répond-il en s'adressant au chimiste, il vous faudrait beaucoup de gaz oxygène, et vous n'en avez pas ?

— Oh ! répond celui-ci, on en peut produire instantanément, au moyen du chlorate de potasse et du péroxyde de manganèse.

— Pour faire du gaz oxygène, reprend le membre du Comité, il vous faut des bassins chauffés d'une façon spéciale. Vous n'aurez jamais le temps de fabriquer des engins convenables.

— Bah ! bah !... avec une marmite à faire la soupe en campagne ou bien avec une de ces chaudières dont on se sert pour l'asphalte, j'en ferai autant qu'on voudra.

— Ces marmites présentent un inconvénient très-sérieux ; elles ne sont pas fermées par le haut, et leur transformation vous demandera du temps.

— J'ai prévu tout cela. Je me charge d'en préparer trois ou quatre en moins de deux heures, et je vous jure que demain avant midi, il ne restera plus guère de Paris que ce que l'on voudra.

— Nous n'avons ni chlorate de potasse, ni péroxyde de manganèse?

— Pardon, tout cela se trouve sous la main. Je ne vous demande qu'un bon de réquisition, le mot d'ordre et l'autorisation d'agir. Vous me donnerez quelques gardes nationaux. Nous allons prendre les plans de la canalisation, et en nous servant des vannes, l'opération ne sera pas longue.

Rousseau et Léon Brin écoutaient cette explication très-attentivement.

Brin surtout, qui était ingénieur, comprenait que l'on avait affaire à un homme sérieux, qui avait pris ses mesures et qui ne reculerait devant rien.

Il marcha sur le pied de Rousseau, qui comprit ce signe.

Non-seulement il ne fallait pas aider cet homme, mais il était urgent de l'empêcher de parler à un membre de la Commune, qui n'aurait pas manqué d'accueillir avec joie ses propositions.

Il suffisait d'un ordre écrit du premier venu

avec une signature et le cachet de la Commune, et tout était dit. Paris tout entier s'écroulait.

La situation était terrible.

Comment faire pour empêcher cet homme de mettre son dessein à exécution ?

On ne pouvait pas lancer un mandat d'amener contre lui. Il se serait empressé de prouver qu'il était un républicain dévoué. Il aurait crié bien haut ses projets, et tout était perdu.

Léon Brin l'entraîna dans une discussion scientifique qui dura près d'une heure, puis il lui dit qu'il était tard, qu'il lui donnerait une réponse le lendemain.

— Demain matin il sera encore temps, lui dit-il.

— Ah! mais, pas du tout, reprit l'homme, c'est tout de suite qu'il faut commencer ; autrement nous n'arriverons pas.

— Nous n'avons pas d'argent en caisse.

— Je vous ai dit tout à l'heure que je ne vous demandais qu'un ordre et un bon de réquisition.

L'homme était tenace. Les deux membres du Comité étaient au bout de leurs objections.

Brin donne un coup d'œil dans le couloir et s'assure qu'il n'y avait aucun membre de la Commune. Du reste, ce jour-là ils avaient mis leur écharpe dans leur poche, et le chimiste ne les aurait pas reconnus.

Rousseau prit Léon Brin à part.

— Restez ici, lui dit-il, jusqu'à ce que je revienne. Il ne faut pas que cet homme parle à qui que ce soit. Emmenez-le au café si vous le pouvez.

— C'est ce que je vais faire. J'essaierai de le griser. Il ira se coucher, et demain il n'y aura encore ici pour l'entendre que vous ou moi.

On nous l'adressera, et nous pourrons de nouveau l'éconduire.

— Sapristi! dit tout à coup Léon Brin, tout cela est très-joli, mais il peut en venir d'autres. Il faut rester là et dire aux employés qu'on nous les envoie, que nous avons mission pour les recevoir.

— C'est entendu, je reste. Allez-vous-en avec votre homme.

— Je compte sur vous. Je me charge de celui-ci. Je vais tellement le faire boire qu'il n'aura plus guère l'intention de faire sauter quoi que ce soit.

« Bonsoir, Rousseau, dit ensuite à haute voix Léon Brin. J'ai soif. Je m'en vais prendre quelque chose. Nous avons trop parlé, et s'adressant au chimiste :

« Voulez-vous me faire l'amitié de venir vous rafraîchir avec moi? Nous allons passer à l'office, et vous en profiterez pour voir le réfectoire de l'Hôtel-de-Ville, que vous voulez si bien faire danser demain.

— Ma foi! cela me va.

En chemin Léon Brin rencontre le général Bergeret, qui le prend à part et lui dit :

— Brin, vous pouvez me rendre un grand service.

— Lequel?

— Je veux anéantir les Tuileries. Vous possédez des moyens terribles, je le sais. Il nous les faut de suite. Il n'est que temps. Comment faut-il s'y prendre?

— Ceci n'entre pas précisément dans mes fonctions.

— Vous êtes commandant d'état-major?

— Je ne le suis plus.

— N'importe! je le veux.

— Comment vous voulez?

— Certainement.

— Et moi je ne veux pas.

— Prenez garde, Brin, je vous ai toujours considéré comme un ami, et...

— Et?

— Allons, ne nous fâchons pas. Êtes-vous révolutionnaire ou ne l'êtes-vous pas?

— Mais ce n'est pas être révolutionnaire que de devenir incendiaire.

— Je vois que nous ne nous entendons guère, dit Bergeret furieux.

— Et sur ce terrain-là nous ne nous entendrons jamais.

— Vous avez tort, vous n'êtes pas mon homme.

— Il se peut que j'aie tort, mais qui n'a pas tort quelquefois ?

— Adieu !

— Ne faites pas ce que vous venez de dire.

— Ah bah ! zut ! vous m'ennuyez, dit Bergeret exaspéré ; et il s'en va sans serrer la main du membre du Comité central.

Celui-ci revient vers son chimiste qu'il fait entrer au réfectoire.

Là on boit, on mange un morceau de veau froid et on prend du cognac.

Brin offre force cigares au chimiste et l'emmène avec lui au café.

On discute science et politique ; on prend des boissons anglaises, et en sortant notre chimiste était absolument dans l'impossibilité de produire du gaz oxygène.

Brin lui donna rendez-vous pour le lendemain matin, à onze heures.

Pendant que cela se passait, un monsieur de trente à trente-cinq ans à peu près, qui refusa de dire son nom et son adresse et qui demandait à parler au Comité central, fut reçu par le citoyen Rousseau.

— Je viens, dit-il au membre du Comité, vous faire une proposition qui vous étonnera peut-être, mais je suis républicain, un vrai républicain, et je ne veux pas que les Versaillais deviennent maîtres de la capitale. Malheureusement ils avancent toujours. Nos gardes nationaux fuient de barricade en barricade; il est temps d'employer les grands moyens.

— Je vois où vous voulez en venir, dit Rousseau; vous venez nous proposer de détruire la ville.

— Certainement, si vous m'en donnez l'autorisation. Si vous n'êtes pas de mon avis, je m'adresserai à la Commune, et si la Commune rejette aussi ma proposition, eh bien! j'aurai fait ce que j'aurai pu et je n'y penserai plus.

— Quel serait votre moyen? dit le citoyen Houzelot, qui venait d'entrer dans la salle.

— Il n'y a que moi qui le connaisse.

— Mais encore?

— Je venais pour vous en donner une idée.

— Très-bien.

— Voilà ce qu'il faudrait : construire d'abord des tranchées souterraines et faire communiquer les colonnes de gaz et les égouts au moyen d'un gazo-densimètre de mon invention. Pour activer l'explosion du mélange gazeux, une traînée de poudre et de distance en distance quelques petits barils de coton-poudre ou de fulmi-coton suffiraient. Je vous réponds de la réussite.

— Je n'en doute pas, dit Léon Brin, qui venait d'entrer, mais les colonnes de gaz ne représentent pas le tiers de ce que les égouts contiennent d'air, et vous n'obtiendrez pas un mélange détonant?

— Certainement, dit l'individu, mais on ferait murer les communications de façon à obtenir une opposition assez formidable.

Sous prétexte de lui demander des explications plus complètes, Léon Brin entraîna cet homme comme il avait déjà fait de l'autre, et laissa dans la salle du Comité central son frère et deux des frères Okolowich dont il était sûr.

Cette précaution n'était pas inutile, car un troisième individu se présenta.

Une partie de Paris était en feu déjà. La Cour des comptes, la Légion d'honneur, la rue Royale, le ministère des finances, brûlaient.

Le ciel était plein de rougeurs sinistres.

Le vent emportait au-dessus des maisons des cendres et des débris. On entendait le canon mugir à travers les rues. Des maisons s'effondraient avec fracas, et on ne pouvait pas faire deux pas dans Paris sans entendre le sifflement aigu des balles.

Arthur Brin et les frères Okolowich étaient à la fenêtre de l'Hôtel-de-Ville, contemplant en frémissant ce terrible spectacle, quand on vient les avertir qu'un monsieur demande à parler, pour une communication très-urgente, à la Commune ou au Comité central.

Il avait déjà parcouru la salle des maires, mais il n'y avait rencontré personne.

Cet homme était plus âgé que les deux premiers. Il avait près de cinquante ans. Il était bien mis, il paraissait bien élevé et fort instruit.

Arthur Brin et les frères Okolowich lui disent qu'ils remplacent momentanément les membres du Comité et lui demandent ce qu'il veut.

— Je viens vous proposer de détruire Paris, leur dit-il tranquillement; et ouvrant un carton qu'il portait sous le bras, il montre des plans faits à l'avance et les dosages d'un mélange qui, ajouté en faible quantité au gaz d'éclairage, devait produire les effets les plus terribles.

Arthur Brin, qui avait été averti par son frère, fait un signe aux frères Okolowich, puis il engage une discussion scientifique avec l'individu, le loue beaucoup de ses inventions, et lui dit que le Comité central et la Commune lui en seraient fort reconnaissants.

— Je ne savais pas rencontrer ici des hommes de science, dit l'inventeur, qui se déclare ingénieur.

On passe une heure à échanger des politesses. Il fallait gagner du temps et empêcher l'homme de communiquer avec les membres de la Commune.

Chacun savait que le lendemain matin on n'aurait plus rien à craindre, et que l'Hôtel-de-Ville serait peut-être en la possession des troupes de Versailles.

Voilà comment Paris fut sauvé. On peut s'imaginer quelle épouvantable explosion se serait produite si l'un des trois projets dont nous venons de parler avait été mis à exécution.

Que sont devenus aujourd'hui ces membres du Comité central auquel nous devons de vivre encore, de voir encore nos maisons debout, de pouvoir circuler dans nos rues et sur nos boulevards?

Ils sont morts peut-être. Ils auront expié leur dévouement au coin d'une rue ou derrière une barricade.

Mais, s'ils vivent, s'ils ne sont que prisonniers, puisse le service qu'ils nous ont rendu et que nous nous sommes fait un devoir d'enregistrer, leur valoir une grâce qu'ils méritent si bien !

Le lendemain de ce que nous venons de raconter, nous quittions le faubourg Montmartre pour nous rendre à l'Hôtel-de-Ville.

Le IXe arrondissement avait été pris pendant la nuit. Les rues étaient jonchées de verres cassés, les kiosques du boulevard brisés, les arbres abattus.

De distance en distance des cadavres gisaient à terre.

On aurait dit qu'un ouragan, une trombe avait passé dans certains endroits, tordant et broyant tout sur son passage.

On apercevait, dans le fond de la rue Vivienne, une sorte de lueur qui faisait paraître noir le fond du ciel.

On nous dit que c'était le Palais-Royal qui brûlait.

Les Tuileries étaient en feu également. On racontait que tout Paris allait être réduit en cendres.

On était pâle et triste. On parlait bas sur le pas des portes.

Dans certains endroits on commençait à défaire les barricades. On réquisitionnait les passants pour ce travail.

Les pompiers couraient de droite et de gauche, se rendant qui au Palais-Royal, qui aux Tuileries, qui vers la rue Royale.

Et le canon grondait toujours. Des obus venaient à chaque instant éclater sur le boulevard.

Nous prenons la rue de Richelieu, et nous nous dirigeons vers le Louvre.

Les flammes sortaient par les fenêtres en gerbes épaisses. La fumée, âcre, mordante, rendait l'air irrespirable. On entendait les boiseries craquer et s'effondrer. De temps en temps des explosions terribles emportaient des pans de murs et faisaient trembler tout le quartier.

La rue de Rivoli était impraticable.

On venait d'attaquer l'Hôtel-de-Ville. Les boulets et les balles se croisaient sans interruption.

A ce moment un mouvement se produit parmi les soldats.

Quatre d'entre eux se détachent de la compagnie. Ils traînent avec eux un jeune homme de vingt ans au plus, portant une belle barbe blonde et vêtu du costume gris des francs-tireurs.

C'est un incendiaire, dit-on. On l'a trouvé dans les caves du Palais-Royal. On lui demande ce qu'il faisait là. Il refuse de répondre.

On le pousse jusqu'à une barricade. On l'adosse au mur de terre, et quelques coups de feu se font entendre.

Le fédéré s'affaisse sans pousser un cri.

Le sang sort par trois ouvertures à la fois et coule sur sa capote grise.

Des curieux viennent contempler ce cadavre.

La lutte continua avec acharnement jusqu'au soir autour de l'Hôtel-de-Ville.

Les premières barricades ont été écornées par les boulets.

Les fédérés tiennent bon quand même.

Plusieurs d'entre eux ont fui, mais d'autres se défendent encore.

Vingt ou trente sont derrière la barricade de l'avenue Victoria.

Ils n'ont pas de chefs. Ils se battent pour vendre chèrement leur vie.

Au moment où ils vont être pris et tournés, une détonation effroyable se fait entendre. Les flammes jaillissent d'une seule gerbe du milieu de l'Hôtel-de-Ville.

Après avoir brûlé le palais des rois et des empereurs, les fédérés venaient de mettre le feu à celui du peuple, au temple de la revendication et de la liberté.

Le Comité central et la Commune avaient vécu !

PHYSIONOMIE DE PARIS

PENDANT LA COMMUNE

Pour donner à nos lecteurs une idée de ce qu'était extérieurement Paris pendant le règne de la Commune, nous reproduisons quelques articles que nous avons écrit au jour le jour, dans *le Bien public*, sous ce titre : *Paris hier.*

LE 4 AVRIL

Affaire du pont de Neuilly

Commencement des hostilités

Dès le matin, un sentiment d'amère douleur étreint Paris au cœur. Son pouls semble arrêté. Le sang ne court plus dans ses immenses artères.

Les foules s'abordent pâles et inquiètes. On n'ose pas causer. Ceux qui parlent, parlent bas.

On se raconte avec émotion les péripéties du drame sanglant qui vient de se jouer et dont le théâtre a été le rond-point de Courbevoie.

Derrière une barricade de deux mètres de haut à peu près, ils étaient quatre, cinq bataillons peut-être de gardes nationaux qui campaient. Leurs fusils étaient rangés en faisceaux. Dans quelques coins, le feu flambait sous les marmites. Le jour se levait triste et incolore.

A quelques centaines de mètres plus loin, on aperçoit grouiller tout à coup trois bataillons de ligne et des détachements de gendarmes.

Les gardes sautent sur leurs armes. Un long cliquetis d'acier se fait entendre. On roule des canons derrière la barricade.

Il est à peu près neuf heures du matin.

Un officier, jeune encore, quelque peu pâle, mais calme, se détache des troupes et s'approche des gardes nationaux, un drapeau blanc à la main.

— Mes amis, leur dit-il, je suis chargé par le gouvernement de Versailles...

A peine a-t-il prononcé ces mots, qu'on se précipite sur lui, on l'entoure. On fait feu, et il tombe percé de plus de vingt balles.

Ses camarades, exaspérés, s'avancent pour le venger.

La fusillade commence, d'abord ferme et nourrie. Le Mont-Valérien tonne. Un de ses obus vient éclater au milieu du fouillis de gardes nationaux qui encombrent l'avenue de Neuilly. Il fait une quarantaine de victimes. Les témoins de ce sanglant spectacle s'enfuient dans toutes les directions.

De tous côtés les hommes tombent. Les pavés de la barricade sont rouges de sang.

Des cris sinistres, des cris de douleur percent la fumée et le crépitement de la fusillade.

Il y a des épisodes terribles.

Cinq ou six militaires qui s'étaient ralliés aux fédérés sont pris et fusillés sur l'heure. Cet exemple fait réfléchir leurs camarades qui donnent l'exemple de la désertion.

Cependant les gardes nationaux veulent répondre à l'artillerie des troupes de Versailles.

Ils ont avec eux une mitrailleuse et quelques pièces de quatre.

Nul d'entre eux ne sait les manier et les charger.

Les coups ne partent pas et quelques-uns des engins éclatent, nous assure-t-on.

Alors la débandade, qui n'avait été encore que partielle, devient générale.

On jette loin de soi armes et bagages et on fuit; on fuit pour fuir, sans savoir où l'on va. Quelques-uns se perdent à travers champs où ils sont faits prisonniers; d'autres se cachent dans les fossés, derrière les haies, derrière les murs. Le plus grand nombre revient vers Paris.

Leur retour est accueilli avec une émotion indicible. L'avenue de la Grande-Armée, les abords de la porte Maillot sont remplis de monde. Ils passent au milieu de cette foule, sans armes, les yeux hagards, couverts de poussière, de sang et la tunique en lambeaux. Quelques-uns sont blessés et se traînent. On recueille avidement les détails qu'ils donnent.

Presque tous disent qu'ils ont été trahis par leurs officiers; qu'ils ne s'attendaient pas à être attaqués si tôt; qu'ils manquaient de cartouches et de munitions de tous genres.

Ils vont semer l'alarme dans la ville. Dans plusieurs quartiers, on crie : « Aux armes! » Le tambour bat le rappel, le clairon sonne. Les bataillons se réunissent. Des estafettes courent à bride abattue dans toutes les directions.

On part de la place Vendôme, on part de l'Hôtel-de-Ville, musique en tête, aux cris de : « Vive la Commune! »

Pendant toute la journée, la foule se porte aux Champs-Élysées et dans les avenues qui partent de l'Arc-de-Triomphe. Des curieux, armés de lorgnettes, regardent dans la direction de Neuilly et de Courbevoie.

D'instants en instants, des voitures d'ambulance, le drapeau blanc à croix rouge déployé, passent au milieu de la foule vivement impressionnée.

Des batteries d'artillerie montent les Champs-Élysées. On les braque derrière les portes.

Quelques membres de la Commune, l'écharpe rouge au côté, courent à bride abattue vers l'Arc-de-Triomphe. Ils sont vivement acclamés par les gardes nationaux.

Dans la soirée, les mouvements de troupes ne font que continuer. Une immense colonne part de la Madeleine jusqu'aux Champs-Élysées, et jusqu'au Champ-de-Mars presque sans interruption.

Le défilé dure cinq heures.

Où vont-ils? — A Versailles, disent-ils.

Ils ont des pains et des munitions, mais pas de sacs.

Sur la place de l'Hôtel-de-Ville et la place Vendôme, les barricades, à moitié détruites, ont été solidement reconstruites. Les canons sont mis en place. On est prêt à toute éventualité.

7 AVRIL

—

Enterrement du commandant Henry

Vers deux heures de l'après-midi, le boulevard des Italiens est mis en émoi par le passage d'un splendide cortége funéraire.

Cinq ou six bataillons de garde nationale, avec chacun sa musique en tête, enseignes et drapeaux déployés, le canon de fusil tourné vers la terre, escortent lentement un char funèbre.

Les tambours, couverts d'un crêpe noir, font entendre de lugubres roulements; les clairons jouent une marche militaire appropriée à la circonstance.

En un clin-d'œil, les boulevards se remplissent de monde; des milliers de têtes apparaissent aux fenêtres.

Les fédérés enterrent un de leurs commandants, le commandant Henry, frère du général chef d'état-major.

Celui-ci, que l'on disait prisonnier, marche en tête du convoi, ainsi que son ami le général Bergeret.

Le commandant Henry a été tué à Rueil par un obus lancé du Mont-Valérien.

Le cortége, parti de la place Vendôme, traverse la place de l'Opéra, suit la rue Halévy, la rue de la Chaussée-d'Antin, la place de la Trinité, la rue de Clichy et l'avenue du cimetière du Nord.

Auprès du cimetière Montmartre, on fait une ovation funèbre au défunt. Les képis s'agitent aux cris de : « *Vive la Commune! vive la République!* »

Les gardes nationaux qui n'ont pas de bouquets d'immortelles en achètent.

Sur la fosse, trois discours sont prononcés : le premier long, très-énergique, très-accentué et très-applaudi, par Jules Vallès.

Après le rédacteur du *Cri du Peuple*, Tibaldi, avec son costume arménien, sa longue barbe blanche, s'avance près du mort et prononce une courte oraison funèbre, qui se termine par ce cri: « Vive la République universelle! »

Le général en chef des forces fédérées, Bergeret, a voulu prononcer aussi quelques paroles;

mais, soit manque d'éloquence, soit émotion, il n'a pu terminer son allocution.

La fin de son discours a été couverte par le bruit des coups de fusil tirés sur la tombe du commandant.

9 AVRIL

—

Les Champs-Élysées

Quantùm mutatus...

L'année dernière, à cette époque, par un soleil comme celui qui brillait hier, dès les premières heures de l'après-midi, les Champs-Élysées se couvraient de monde. Les allées se remplissaient d'une foule bigarrée, gaie, riche, heureuse, couverte de soie qui frissonne et de pierreries qui étincellent.

Les ombrelles blanches, vertes ou grises s'agitaient au-dessus des têtes chargées de parfums et de fleurs, et le vent se jouait dans leurs franges légères.

Il y avait des cafés en plein air, sous lesquels on vendait aux enfants qui jouaient du coco ou de la limonade. On entendait, par intervalles, s'échapper des bosquets des bouffées de musique et d'éclats de rire. C'étaient les chevaux de bois qui se garnissaient de bonnes et de jeunes cavaliers de douze ans.

Dans l'avenue, au milieu d'un nuage de poussière, piaffaient des alezans fringants couverts d'écume, vêtus de harnais d'argent qui reflétaient le soleil.

Et tout ce monde avait l'air si heureux, sous le soleil doré du printemps, au milieu de la première verdure qui pousse et des premières fleurs qui s'épanouissent !

Hier, nous n'avions de tout cela que le soleil, le vent doux et les feuilles vertes.

Les allées sont presque désertes ; on n'y aperçoit que quelques gardes nationaux qui se traînent à demi-morts de fatigue, le sac derrière le dos et le fusil sur l'épaule.

Dans l'avenue, à peine quelques maigres fiacres et des voitures d'ambulance grises avec des croix rouges qui ramènent des blessés ou qui vont en relever.

Les cavaliers élégants, aux cravaches à pomme d'or, aux éperons d'argent, dont les pouliches semblaient à peine toucher la terre, sont remplacés par de lourds soldats montés sur des chevaux d'artillerie dont chaque pas écrase le sol...

Au loin on entend, au-dessus du murmure de la ville, comme un sourd grondement que les échos répètent. C'est le bruit du canon qui déchire les créneaux jadis couverts de lierre qui serpentaient à l'entrée du bois de Boulogne.

Où sont les gais refrains qui s'échappaient par volées, comme des essaims, de derrière chaque touffe d'arbres, de devant chaque café ?...

Malgré toute cette tristesse, ou plutôt à cause de toute cette tristesse, — car il se trouve des gens que la tristesse attire, — il y a du monde en haut des Champs-Élysées, autour de l'Arc-de-Triomphe, comme pour un retour de Longchamps.

Il est difficile de circuler dans l'avenue de la Grande-Armée. Il est tout à fait impossible de trouver place sur un monticule quelconque. Tous sont garnis de curieux. On ne distingue pas grand'-chose, mais on veut voir quand même.

On voit la grande avenue qui se déroule à perte de vue, et dont le milieu à peu près est coupé par une raie noire. C'est la barricade du Rond-Point. Tout à fait à l'extrémité on aperçoit une sorte de colonne tronquée. Ce sont les restes de la statue de Courbevoie. Là sont massées les troupes de Versailles, dans les maisons et derrière les murs.

De temps en temps, une colonne de fumée s'élève de la porte Maillot et une détonation retentit...

La foule frémit et se fait part de ses impressions. C'est comme un coup de vent passant sur un champ de blé.

Jusqu'à trois heures à peu près, voilà ce que l'on a vu et ce que l'on a entendu.

A partir de ce moment, le point de vue change.

On aperçoit des masses noires venant par le bois de Boulogne et se dirigeant vers la barricade du pont de Neuilly.

Les obus éclatent au milieu.

Le Mont-Valérien et la batterie de la *Demi-Lune* répondent au feu de la porte Maillot, et leurs projectiles balaient l'avenue de Neuilly.

L'un d'eux vient tomber en deçà de la porte, dans Paris, à quelques mètres à peine des curieux.

Le crépitement de la fusillade se fait entendre et des colonnettes de fumée s'échappent des fenêtres de chaque maison.

Les fédérés reviennent en arrière. Les troupes de Versailles s'avancent en tirailleurs jusqu'au pont de Neuilly. Bientôt elles reculent aussi, et la fumée devient tellement épaisse qu'il est impossible de rien distinguer.

A la nuit, la foule s'éloigne vivement impressionnée.

Elle croise des voitures d'ambulance qui montent et des bataillons de gardes nationaux qui se dirigent vers le lieu de l'action, le drapeau rouge en tête.

10 AVRIL

—

Encore les Champs-Élysées

Hier encore, l'attention de la foule s'était concentrée tout entière sur les Champs-Élysées.

C'est de là qu'elle pouvait suivre tant bien que mal les péripéties du drame sanglant qui se joue sous les murs de Paris et dont le dénoûment ne paraît pas éloigné.

La vaste et splendide promenade où l'ex-empereur passait chaque soir au milieu de ses courtisans et de ses laquais, a de nouveau changé de physionomie.

Ce n'est plus qu'un vaste camp; c'est le champ de réserve d'une armée qui se bat.

Des milliers de fusils sont rangés en faisceaux dans les allées et sur l'avenue. Les gardes nationaux, étendus nonchalamment sur le sable ou

sur les pavés, attendent ce qui va se passer, prêts
à prendre leur arme au premier signal.

Les cantinières vont verser à boire au milieu
des bataillons.

Les officiers paradent, exhortent leurs hommes
ou donnent des ordres. Le tambour bat le rappel
à chaque instant, et les compagnies se réunissent
et s'ébranlent.

Les curieux peuvent circuler au milieu du
campement, mais cela paraît déplaire à quelques
gardes nationaux.

Ils viennent là comme au théâtre, disent-ils ;
ils se promènent la canne à la main et le cigare à
la bouche, et avisant un malheureux jeune
homme qui traverse la chaussée en faisant siffler
une petite badine, ils se précipitent sur lui et le
maltraitent.

Celui-ci ne semble pas ému. Il leur résiste le
mieux qu'il peut, et, grâce à l'intervention de
quelques passants, il parvient à s'échapper de
leurs mains et continue tranquillement sa route.

Dans la matinée, on pouvait aller jusqu'à l'Arc-
de-Triomphe.

Vers deux heures de l'après-midi, c'est impossible. Des sentinelles ont été placées un peu au-
dessus du Rond-Point, ayant pour consigne de
faire arrêter les piétons et les voitures.

En effet, des obus passent de temps en temps

en sifflant sur la place de l'Étoile et vont éclater dans les terrains environnants.

On voit les panaches de fumée blanche se disperser dans les nuages.

Des détonations terribles, partant de la porte Maillot, ébranlent le sol et impressionnent vivement la foule. Les fédérés se cachent derrière les maisons et derrière les murs.

Toutes les avenues qui rayonnent autour de l'Arc-de-Triomphe, jusqu'au Trocadéro, sont remplies de troupes.

Que se passe-t-il au delà des remparts? Nul ne saurait le dire au juste. Trente versions circulent. On raconte que les Versaillais sont dans le bois de Boulogne et ont acculé les fédérés aux fortifications. Ceux-ci se battent comme des furieux, avec un acharnement inouï, mais ils sont mal conduits; ils n'ont plus de chefs. Ils ne savent pas pointer leur artillerie dont les projectiles vont se perdre à tort et à travers et tombent souvent au delà du but qu'ils visent, tandis que les soldats de Versailles leur causent beaucoup de mal avec leurs obus et leurs boîtes à mitraille qui font tomber sur eux une pluie de fer.

Voilà les bruits qui circulent dans la foule et que les gardes nationaux eux-mêmes répandent et répètent.

Nous en voyons revenir quelques-uns couverts

de sang, portant sur l'épaule deux fusils et un sabre qu'ils ont ramassés au milieu de la mêlée, ce qui fait croire à une lutte presque corps à corps.

Les voitures d'ambulance sont peu nombreuses. Celles qui descendent l'avenue sont remplies de blessés.

A chaque instant on croyait que la lutte allait avoir un terme, mais l'attente de la foule a été déçue.

A la nuit le canon tonnait encore, et l'on convoquait les bataillons de gardes nationaux dans tous les quartiers.

Ils passaient sur les boulevards en désordre, ayant au milieu d'eux leurs femmes qui portaient leurs sacs ou leurs fusils.

Dans la soirée, les boulevards sont remplis d'une foule triste et inquiète.

On vient d'afficher sur les colonnes un ordre du commandant de la 9e légion, invitant les citoyens du 9e arrondissement à aller se faire inscrire dans les quarante-huit heures.

Tout le monde se porte à ces affiches et les commente. Des groupes nombreux se forment autour et arrêtent la circulation.

Les habitants du 9e sont bien décidés à ne pas obéir à l'*invitation*. Dans plusieurs endroits, le placard est mis en morceaux.

A dix heures, un bataillon de fédérés vient cerner les rues qui entourent le nouvel Opéra.

Cinq ou six sentinelles sont placées l'arme au pied sous chaque porte cochère.

Que nous réserve la nuit?

13 AVRIL

Perquisitions et canonnade

Les perquisitions continuent sous les auspices du Comité et de la Commune.

On perquisitionne dans les domiciles privés, on perquisitionne dans les églises.

Le 12 avril, vers onze heures à peu près, un détachement de gardes nationaux se présentait devant l'église Notre-Dame-de-Lorette et en cernait les abords.

On était venu sous prétexte d'y découvrir des mitrailleuses ! C'était du moins le but avoué. On a arrêté le vicaire et saisi les papiers du curé.

A six heures du soir, les fouilles n'étaient pas terminées. Notre-Dame-de-Lorette était toujours occupée. Quelques fédérés jouaient aux cartes dans la sacristie pour se distraire, pendant que leurs camarades visitaient le monument sacré.

De nombreux groupes étaient rassemblés au bas de la rue des Martyrs et sur la place qui précède l'église. On était loin d'approuver les mesures prises par la Commune, et quelques femmes insultaient même vertement les sentinelles qui avaient été placées dehors pour contenir la foule.

Aux Champs-Élysées, calme complet.

L'aspect a été changé depuis la veille. Le canon ne tonne plus, et la promenade a presque repris sa physionomie habituelle. Toutes les chaises, tous les bancs sont occupés par des enfants et des femmes.

On se promène sans plus penser aux combats de la veille et peut-être aux combats du lendemain.

Les chevaux de bois marchent et ne manquent pas d'amateurs.

Guignol lui-même a reconquis sa place. Il attire en foule les enfants au Rond-Point.

Les personnes curieuses de voir des canonnières se dirigent vers le quai de la Concorde. Mais ce ne sont déjà plus les canonnières du siége, ces canonnières proprettes, toujours prêtes à entrer en lice, montées par des marins énormes, aux bras hâlés, au visage crâne, au béret se chiffonnant sous le vent.

Celles-ci ont pour conducteurs de maigres canotiers, les canotiers d'Asnières, qui jettent à peine un coup d'œil, en passant, sur leur frêle embarcation.

Les ponts sont encombrés de débris de toutes sortes. Les canons n'ont pas été mis en place. Les munitions et les caissons sont jetés pêle-mêle à l'avant et à l'arrière.

Il n'est rien de tel que « l'œil du maître », et « l'œil du maître » manque là.

Si la journée a été paisible, il n'en a pas été de même de la soirée.

Vers neuf heures, après une petite pluie fine qui a rendu l'atmosphère sonore, Paris tout entier tressaille.

Une fusillade continue, que domine de temps à autre une canonnade non moins nourrie, se fait entendre distinctement vers la rive gauche, du côté de Vanves et d'Issy.

Les fenêtres des maisons s'ouvrent et se remplissent de gens effrayés qui écoutent.

On se précipite des boulevards sur la place de l'Opéra, devant l'église de la Madeleine et sur la place de la Concorde.

C'est là surtout que le spectacle est effrayant.

Ce vaste emplacement, que la Commune de 1793 avait choisi pour lieu de ses exécutions, est rempli d'une foule lugubre et terrifiée. C'est à peine si l'on ose parler.

. Les femmes sont nombreuses. A chaque coup de canon leur cœur défaille. Néanmoins, elles restent là, mieux que si leur devoir les y obligeait. Elles sont avides de tressaillements et d'émotions.

Le ciel est noir, lourd et triste comme une draperie funèbre. Il semble peser sur la tête des passants. Chaque détonation y fait une trouée sanglante. Il n'y a pas un souffle dans l'air, et les drapeaux rouges, que rien ne gonfle, tombent, mornes et sombres, le long de leurs hampes, au-dessus des monuments.

Tout semble porter le deuil de la guerre civile.

A partir de onze heures, le feu est moins nourri. Le combat paraît s'être ralenti. Les curieux rentrent. Mais, toute la nuit, on a entendu rouler, d'échos en échos, dans l'air humide, des grondements sinistres.

14 AVRIL

—

Journée de tristesse et d'anxiété.

Les magasins sont fermés, les rues sont désertes. On s'aborde d'un air inquiet.

Que s'est-il passé pendant la nuit? Combien
y a-t-il eu de victimes des deux côtés ? Que de
sang a dû couler !

Quelques gardes nationaux qui errent par les
rues, les vêtements couverts de poussière, le fusil
à demi-brisé, la barbe et les cheveux boueux,
sont vivement entourés. On leur demande des
nouvelles.

Leurs récits sont tous plus ou moins exagérés
ou fantaisistes. Il est difficile d'en tirer quelque
chose de vrai et même de vraisemblable.

Selon les uns, la Commune est victorieuse sur
toute la ligne. Les Versaillais ont été repoussés
de partout avec d'énormes pertes. Ils auraient

laissé, entre Vanves et Issy, un nombre considérable de blessés et de morts et auraient réclamé un armistice de deux heures pour les relever.

Selon d'autres, — des grincheux sans doute, des découragés, — les troupes que fait mouvoir le délégué à la guerre, Cluseret, n'auraient pas eu autant de succès qu'elles veulent bien le dire. Les soldats de Mac-Mahon sont rentrés dans leurs anciennes positions, où ils se maintiennent. Les fédérés n'étaient pas en force pour essayer de les en déloger. Ils avaient tout au plus trois bataillons dans les forts et très-peu de monde au dehors, bien qu'on s'attendît à une attaque. Pour les troupes de Versailles, c'est un coup de main qui n'a pas réussi et qu'elles pourraient tenter de nouveau, demain ou après-demain, avec tout autant et peut-être plus de chances de succès. Vanves et Issy sont bien endommagés.

Quoi qu'il en soit de ces deux versions, vers quatre heures de l'après-midi, un bataillon de fédérés, le 63e, passe sur les boulevards avec des airs de vainqueur.

La musique joue *la Marseillaise.*

Les baïonnettes sont ornées de lilas et de feuillages. Deux cantinières, le chassepot en bandoulière, saluent la foule en criant : « Vive la République ! vive la Commune ! »

Quelques femmes quittent les trottoirs et viennent dans les rangs reconnaître leurs hommes, qui leur donnent de chaleureuses poignées de main.

Pendant ce temps, on se bat toujours à Levallois, et les obus pleuvent sur les Champs-Élysées.

Il en tombe dans l'avenue Friedland et dans la rue Bayen.

Il y a là bien peu de curieux. En revanche, nombre de familles qui émigrent vers le centre de Paris, emportant avec elles le plus de hardes qu'elles peuvent. C'est un spectacle lamentable de voir ces pauvres gens, victimes innocentes d'une lutte à laquelle ils n'ont pas pris part, abandonner, la mort dans l'âme, leurs domiciles, qui peut-être seront détruits demain.

Ils n'ont pu faire enlever leurs mobiliers. Quelques-uns sont partis, chassés par les projectiles, laissant sur le feu leur cuisine à moitié prête et que leurs enfants attendaient avec impatience. Ils ont été surpris à l'heure du déjeuner ou du dîner.

D'un autre côté, des cadavres sortent de minute en minute du palais de l'Industrie. Les cochers de corbillards les conduisent presque au galop à leur dernière demeure. Quelques-uns ont derrière eux une veuve et un enfant; d'autres un ami ou deux. Plusieurs ne sont pas accompagnés même par un indifférent. Et cependant ils sont morts, comme les autres, pour défendre un principe, pour sauver la République, qu'ils croyaient menacée!

Au-dessus de tout cela plane un ciel sombre, couvert de nuages gris que le vent déchire de droite et de gauche. Si le soleil se fait jour cinq minutes, ses rayons sont pâles et jaunes. On croirait qu'il ne nous éclaire qu'à regret.

Dans le jardin des Tuileries, les arbres, qui commencent à se couvrir de verdure, gémissent et se plaignent. On ne peut se défendre, en passant, d'un frissonnement de terreur.

Triste! triste!

16 AVRIL

—

Il était question de pourparlers échangés entre Versailles et la Commune. Un armistice de vingt-quatre heures aurait été signé, disait-on. Ce qui servait encore à accréditer ces bruits, c'était le calme complet dont on semblait jouir.

Pas un coup de canon ne se faisait entendre. On ne voyait pas, comme les jours précédents, les gardes nationaux errer dans les rues, armés et équipés. Tous les postes étaient tranquilles. C'est à peine si quelques estafettes essayaient de s'étendre sur les boulevards. Les jours de bataille on en relevait à chaque pas.

Quelques gardes nationaux racontaient bien que l'on se battait toujours aux avant-postes, du côté de Boulogne principalement, et que la fusillade crépitait sans interruption; la foule, qui n'entendait rien, qui ne voyait plus les obus tomber sur l'Arc-de-Triomphe, n'y voulait pas croire. Elle continuait à se raconter à l'oreille les conditions de la prétendue paix, signée entre le chef du pouvoir exécutif et le délégué de la Commune.

Dans la soirée, une violente canonnade, éclatant sur toute la ligne du Sud-Ouest, fit tomber dans l'eau les histoires de conciliation que l'on avait si complaisamment arrangées dans la journée.

C'est pour aider probablement à un arrangement amiable que le comité de la Commune a envoyé, hier, le 64e bataillon de la garde nationale piller l'hôtel de M. Thiers.

On a fouillé la maison dans tous les sens. On a tourné et retourné tous les meubles, et l'on n'a rien trouvé de compromettant, si ce n'est des objets d'art que leur valeur, disent les fédérés, rend très-dangereux... pour leurs possesseurs.

Les domestiques auraient été arrêtés, nous a-t-on dit, sans doute pour avoir fermé la porte sur les objets d'art en question, plutôt que de les exposer sur la place Saint-Georges et les mettre à la disposition du premier passant altéré de peinture et de sculpture.

Cette perquisition, à laquelle on s'attendait depuis longtemps d'ailleurs, a causé dans le quartier une vive émotion. Toute la journée la place Saint-Georges a été remplie de curieux qu'avaient de la peine à contenir les factionnaires placés tout autour de l'hôtel.

Dans la soirée, un passant a collé, à l'une des grilles de la cour, l'article dans lequel *le Mot d'ordre* dénonce la valeur de l'immeuble du chef du pouvoir exécutif, resté jusqu'alors intact, à sa grande stupéfaction.

Que le journal de M. Henri Rochefort cesse de s'étonner. Dans quelques jours peu de maisons manqueront de la visite des fédérés.

On aurait fait dans la seule journée d'hier, de cinquante à soixante perquisitions domiciliaires dans différents quartiers.

Le Mot d'ordre peut continuer tranquillement ses plaisanteries, d'un goût plus que douteux, sur les bestiaux et les ruminants de Versailles, et Eugène Vermesch, écrivain de musc et de pommade, qui trempait sa plume du *Paris-Caprice* dans la poudre de riz, dénoncer en paix, dans son *Père Duchêne*, les *jean-foutres* de réactionnaires, la Commune leur emboîte complaisamment le pas. Un souhait, un désir de ces messieurs, est un ordre pour elle.

C'est peut-être pour cela que, dans la rue de la Banque, sur l'entête des décrets : « *Commune de Paris* », le mot *Paris* a été effacé et remplacé par le mot *Charenton*.

Qui se doute qu'il existe encore des clubs ? personne, n'est-ce pas ? Il en est cependant, et des clubs où ne manquent ni les orateurs ni les auditeurs. C'est toujours plein, bien qu'on n'y reçoive guère que les gardes nationaux.

Le plus important est sans contredit le club de la Révolution, sis boulevard Rochechouart, entre deux cafés.

C'est là que se rendent tous les lignards qui ont quelques plaintes à faire entendre ; c'est là qu'on juge tous les généraux, tous les officiers, tous les magistrats pourris de l'Empire.

Dès que le nom d'un général est prononcé par un troupier quelconque, un cri unanime part de tous les points de la salle : « Il a trahi ! »

L'orateur applaudit et propose de condamner le traître à mort.

L'assistance bat des mains et se lève tout entière.

C'est ainsi que l'on a condamné près de deux ou trois cents généraux fantaisistes, exposés aux foudres des fédérés de Rochechouart par des orateurs qui avaient envie de rire.

On a voué avant-hier à la mort, après la déposition d'un clairon « né dans une caserne », le général Catalepsie !!!

17 AVRIL

—

Orage au ciel et sur la terre.

Que sont devenus les bruits d'entente et d'arrangement entre la Commune et Versailles ? Le canon tonne sur divers points. La garde nationale tout entière est en mouvement. On élève de nouvelles barricades. On fait de nouvelles perquisitions. A chaque instant on voit passer sur les boulevards des piquets de fédérés cernant quelques civils tremblants et effrayés. Ce sont des réfractaires ou de prétendus mouchards de Versailles que « l'on met à l'ombre ».

On dit que la Commune va employer l'argent que lui rapportera la colonne Vendôme à faire construire de nouvelles prisons, les seuls monuments qu'elle considère comme réellement égalitaires et moralisateurs. Là, en effet, surtout sous le régime actuel, pas de corruption possible. On y est sobre comme Fourier, et en peu de temps on y devient aussi maigre que Rochefort ou Razoua.

En attendant, les obus pleuvent toujours dans l'avenue de la Grande-Armée et sur l'Arc-de-Triomphe, « cette autre affirmation du militarisme », destiné peut-être à disparaître avec la colonne. Le groupe d'Étex a été atteint. Un éclat d'obus a défiguré le génie de la Paix. Versailles et la Commune aidant, Paris deviendra bientôt la ville du monde la moins surchargée de ces « grotesques monuments historiques qui ne servent qu'à abrutir les nations », comme disait *la Montagne* de Gustave Maroteau, l'homme qui griffonne sur les tables du café de Suède des « articles à la Rochefort ».

Le bruit du canon a attiré du monde aux Champs-Élysées. *Abyssus abyssum invocat*. Le Rond-Point est rempli de curieux. Ils sont nombreux autour du palais de l'Industrie.

Là on dit que la Commune vient de faire occuper l'emplacement réservé à la Société internationale de secours aux blessés, dont tout le personnel aurait fui.

Nous entendons à chaque pas des groupes indignés qui protestent contre cette inqualifiable mesure.

Ce n'est pas en agissant de la sorte que les délégués à la Commission exécutive mériteront

les remercîments de la « patrie reconnais-
sante. »

Tout à coup, vers trois heures de l'après-midi,
au moment où la foule, les yeux en l'air, regarde
le panache de fumée d'un obus fondre sous les
nuages, le ciel se voile d'un bout à l'autre de
l'horizon. Aux détonations des pièces de 7 se
mêlent les grondements du tonnerre. Une rafale
de vent court dans l'avenue, faisant voler en l'air
chapeaux et parapluies, s'accrochant avec de sinistres mugissements aux arbres, aux fiacres et aux
omnibus.

L'Arc-de-Triomphe est devenu noir sous les
ténèbres. Des tourbillons de poussière s'enrou-
lent autour des curieux, qui fuient dans toutes
les directions. Des rubans de feu serpentent sur
les nuages sombres.

Tout le monde n'a pas eu le temps de se
mettre à l'abri que la nuée crève. Une pluie
de grêlons s'abat sur la terre avec une violence
inouïe. Les feuilles des arbres, tendres encore,
volent de toutes parts, hachées, mises en pièces.

Et le canon se fait entendre comme d'habitude ; ses coups sont aussi lents et aussi calmes.
La fureur des éléments le cède à la majesté de la
bataille.

On a rapporté que, dans plusieurs quartiers,
c'étaient les femmes qui excitaient leurs maris
à se battre, et les traitaient de lâches quand ils

refusaient d'obéir aux ordres de la Commune.

Il y a quelques jours, un groupe de cinq ou six personnes était réuni sur la place Pigalle. Il y avait trois femmes. Un des hommes qui s'y trouvait paraissait n'avoir revêtu qu'avec une certaine répugnance sa tunique de garde national. Il venait d'être convoqué.

Les femmes se mirent à le plaisanter. Sa femme elle-même fut la plus incisive et la plus mordante. Elle raconta à ses compagnes que sans elle son mari ne se rendrait jamais à sa compagnie, qu'il avait presque peur de son fusil.

Le malheureux ne répond rien ; il rentre chez lui tout confus. Le clairon se fait entendre. Il prend ses armes et part.

Le lendemain, on le ramenait à sa demeure sanglant et mutilé. Il avait eu une jambe emportée.

Sa femme le reçut en criant et en pleurant à chaudes larmes ; mais au lieu de trouver de la compassion chez ses voisines, elle ne s'attira que des railleries.

18 AVRIL

—

D'après la plupart des journaux de Versailles, un nouveau blocus aurait commencé hier pour **Paris.**

Nous n'avons pu nous assurer de l'exactitude de cette nouvelle ; mais ce qu'il y a de certain, c'est que déjà nous en ressentons les effets. Les vivres augmentent d'une manière sensible, et la Commune a fait afficher hier matin, sur tous les murs, un Avis qui ressemble fort à celui du gouvernement du 4 septembre, invitant les bouches inutiles à quitter la capitale au moment de l'approche des Prussiens.

Il paraît également qu'une sommation régulière aurait été faite à l'Hôtel-de-Ville, sommation dont nous n'avons eu vent que par l'affiche héroï-grotesque du délégué à la guerre. Il nous semble cependant que cette sommation intéressait assez la population parisienne pour qu'on daignât lui en faire part. Est-ce que nous serions revenus au bon temps de Palikao, où nous apprenions la perte d'une bataille huit jours après que celle-ci avait été livrée?

Jamais, aux plus mauvais jours du siége, nous n'avons été assourdis d'un tel vacarme de coups de canon. Il n'y a pas un moment de relâche, ni jour ni nuit. Les artilleurs doivent être sur les dents. La Commune, quoique pauvre, ressemble quelque peu à un millionnaire qui, habitant la campagne et craignant les voleurs, ferait tirer des coups de fusil autour de sa maison, par ses domestiques, pour les effrayer. Je crois que la terrible canonnade que nous entendons depuis quelques jours n'a pas d'autre but. Si tous ces coups portaient, on aurait déjà détruit deux villes et une demi-douzaine d'armées. Quoi qu'il en soit, cette orgie d'artillerie jette dans la ville l'inquiétude et l'effroi. Paris est morne et lugubre, sans commerce, sans vie, sans plaisirs. Ses théâtres sont fermés, ses omnibus errent à vide dans les rues, ses magasins sont déserts. On dirait une cité qui vient de s'ensevelir et que hantent encore les spectres de ses habitants.

Mais qu'est-ce que cela peut faire au citoyen Cluseret, qui est en train de s'édifier sur papier officiel une petite réputation qui effacera dans les âges futurs celle de Léonidas et de ses trois cents Spartiates ?

Le « Passant, allez à Sparte, etc. » est distancé de plusieurs coudées.

Le délégué à la guerre a trouvé quelque chose de plus beau et de plus sublime.

Ce n'est jamais « le pleureur » Jules Favre, le « temporisateur » Trochu qui auraient fait aux sommations prussiennes la fière et énergique réponse que le citoyen Cluseret a envoyée aux propositions et aux « rodomontades » de Versailles.

« Travailleurs, dit-il, que la poudre leur porte notre réponse ! »

Et c'est pour cela sans doute que le ministre de la guerre fait tirer sans interruption un peu à tort et à travers, espérant qu'un engin mieux avisé que les autres ira toucher le cœur du gouvernement « rural ».

Dans tous les cas, nous sommes dans une étrange perplexité. N'avons-nous pas eu l'audace d'adresser hier une question au délégué à la guerre ? S'il allait y répondre de la même façon !

On nous accusera peut-être de partialité, lorsque nous disons que les gardes nationaux tirent un peu à tort et à travers.

Nous allons citer un fait qui nous est affirmé par un habitant d'Asnières.

Avant-hier, les troupes de Versailles, qui se sont déjà aperçues de la prodigalité des fédérés lors-

qu'il s'agit de munitions, ont construit une vingtaine d'hommes de paille qu'ils ont habillés en
gendarmes et mis à l'affût dans un bouquet de
bois.

A peine les gardes nationaux les ont-ils décou-
verts qu'un formidable crépitement se fait entendre. En un clin-d'œil, les branches des arbres
sont déchirées par une grêle de balles. Les gendarmes ne bougent pas. Un ou deux tout au
plus mordent la poussière. La première ligne des
fédérés fait quelques pas en avant et met en joue.

Une demi-heure après, il ne restait pas un
gendarme debout.

Les gardes nationaux rentrèrent dans leurs positions après avoir fait une terrible « marmelade
de la canaille versaillaise ».

Les journaux de la Commune ont fait grand
bruit de la prise à Neuilly de deux drapeaux
étranges : « le premier de couleur verte portant
la croix vendéenne, et le second composé de trois
couleurs disposées en forme de croix ».

Nous pouvons leur donner l'explication de ce
bizarre phénomène, et cette explication répondra
suffisamment au *Vengeur*, qui nous accuse ce
matin d'avoir commis hier « une petite infamie »
en annonçant que, parmi les drapeaux conquis,
se trouvait un drapeau d'ambulance.

Ces drapeaux n'ont été arborés par aucun nouveau parti, et les membres de la Commune ont

été induits en erreur par les héros qui les leur ont envoyés.

Ce sont tout simplement des bannières religieuses comme le clergé en porte en tête de toutes les processions et qui ont été prises dans l'église de Neuilly. On sait que, d'après un décret de l'Empire, ces bannières ne devaient représenter aucune couleur nationale. Quant aux croix vendéennes qui les ornent, ce sont de ces croix à branches égales que l'on appelle croix de Saint-André.

Hier soir, les omnibus venant du côté des Champs-Élysées étaient remplis de fédérés.

Une double haie de fusils hérissait l'ex-impériale du véhicule.

— Tiens, s'écria un boulevardier, on ne dira pas que ceux-là ne se replient pas en bon ordre!

20 Avril

—

Si le temps de vent et de pluie qu'il a fait hier continuait pendant quelques jours, il est probable qu'il mettrait un terme à la triste guerre qui nous désole. En somme, fédérés et soldats ne demanderaient pas mieux que de déposer les armes. Il ne leur manque qu'une occasion. Puisse l'orage la leur offrir! puisse le mauvais état des routes et l'inclémence du ciel faire cesser la lutte et permettre aux deux partis de s'entendre!

Les gardes nationaux sont fatigués, exténués. Hier, un bataillon était réuni sur la place de la mairie de Montmartre. Il attendait depuis longtemps déjà, sous le vent, sous la pluie, nous ne savons quel ordre. Les fusils étaient rangés en faisceaux. Tout à coup quelques hommes, plus impatients que les autres, renversent leurs armes à coups de pied et s'en vont. Tout le bataillon les suit. C'est un brave bataillon cependant; il a déjà fait ses preuves à Courbevoie et à Neuilly; il a résisté aux balles, mais il a cédé devant la pluie !

Parfois des nouvelles étranges, extravagantes, — toujours exagérées, — se répandent de quartier en quartier comme des traînées de poudre, et mettent le feu aux quatre coins de la ville.

Alors le tambour bat le rappel, et les bataillons s'arment et se réunissent. Ils se dirigent par toutes les rues vers les Champs-Élysées. Une sorte de frisson d'enthousiasme court au milieu de tous ces hommes qui partent. Ils agitent leurs fusils aux cris de : « Vive la Commune ! vive la République ! »

Hélas ! il n'en est pas de même de ceux qui reviennent. Ils errent par trois, par quatre, quelquefois isolés, presque sans armes, les vêtements déchirés et couverts de poussière, la figure altérée par la souffrance et par la fatigue.

Ils se plaignent de n'avoir pas mangé depuis plusieurs jours. Ils n'ont pas de chefs pour les commander, disent-ils. Ils errent à l'aventure, colonnes par colonnes, hors de Paris, dans les bouquets de bois. Des obus éclatent au milieu d'eux, des coups de fusil crépitent devant ou derrière eux au moment où ils s'y attendent le moins. Les bataillons sont dispersés, les compagnies mêlées confusément.

Voilà du moins ce que raconte l'un d'eux, qui paraît blessé au bras.

Ce sont alors, de part et d'autre, des discussions et des cris. Les femmes qui attendent aux portes des nouvelles viennent encore envenimer le conflit. Elles se précipitent sur les arrivants, qu'elles insultent et qu'elles maltraitent.

Elles ont les cheveux épars, les yeux rouges, la voix éraillée, les vêtements en désordre. Elles hurlent et font des motions patriotiques.

Quelques-unes pourtant, — bien peu, — ne se mêlent point à leurs bruyantes compagnes. Elles pleurent silencieusement dans un coin, et s'approchent de la porte dès qu'elle s'entr'ouvre pour regarder avidement ceux qui rentrent.

Celles-ci ont un mari ou un fils dans la mêlée.

Pendant que les curieux se heurtent dans le chemin de ronde des fortifications, on se réunit et on se rassemble par groupes sur les grands boulevards.

Vers quatre heures la circulation y devient difficile.

Là on ne sait rien. C'est à peine si l'on croit que l'on se bat. On discute et on se dispute. L'orateur en plein vent, — cette plaie du boulevard, — agite son chapeau et ses bras en l'air et commente les nouvelles au fur et à mesure que les passants les lui apportent. Il fait des plans de campagne imaginaires, prédit ce qui arrivera dans la soirée et le lendemain et tire la conséquence des événements qu'il prévoit.

Souvent il heurte le sentiment de la foule qui l'interrompt bruyamment et le conduit à coups de poing hors du groupe où il parade.

Cela ne le décourage point, car il va recommencer dix pas plus loin ses péroraisons.

Il y a des épisodes de cette horrible guerre entre Français qui devront faire faire de tristes réflexions au général Trochu.

C'était avant-hier à Asnières.

Les troupes de Versailles occupent l'extrémité du pont. Ils ont là du canon et de la mitraille. Comme on le sait, le pont est coupé. C'est à peine si on peut poser quelques planches sur ses arches dentelées.

Les fédérés s'avancent. La moitié ont lâché pied, mais les autres marchent toujours, ardents, terribles, excités par la colère et par la poudre.

Ils approchent de la Seine. Ils sont reçus par une grêle de projectiles. Plusieurs tombent. Néanmoins l'officier qui commande crie : En avant !

Comment aller en avant sur un pont qui n'est plus qu'un tas de ruines, sous un feu qui vous décime ?

On recueille à droite et à gauche des planches et des poutres que l'on jette entre les arches et on marche en tiraillant.

A chaque pas un homme, frappé en pleine poitrine, se courbe et se tord au milieu du fragile passage et tombe dans ce fleuve qui *claque*. L'eau se referme sur lui et on n'aperçoit plus qu'un bouillonnement sanglant qui en agite la surface.

Ce terrible spectacle, loin de décourager ses camarades, ne fait qu'augmenter leur rage et leur fureur. Ils ne s'arrêtent que lorsque les planches se trouvant trop courtes, il leur est impossible de continuer leur chemin. Plusieurs s'élancent à la nage.

Hélas! combien d'actes de ce genre se sont produits peut-être depuis quinze jours! Combien de bravoure a été dépensée en pure perte! Combien de sang précieux a été inutilement gaspillé!

Le 19 avril, le *Journal officiel* avait publié la note suivante :

« La Commune, considérant qu'il est impossible de tolérer dans Paris assiégé des journaux qui prêchent ouvertement la guerre civile, donnent des renseignements militaires à l'ennemi, et propagent la calomnie contre les défenseurs de la République, a arrêté la suppression des journaux *le Soir, la Cloche, l'Opinion nationale* et *le Bien public*. »

Le Bien public, d'où sont extraits les articles qu'on vient de lire, avait reproduit ces lignes en les faisant suivre de cette courageuse protestation :

« On vient de lire la note *anonyme* du *Journal officiel*.

« La Commune ose ce que jamais l'Empire n'a osé ; elle supprime les journaux et ne daigne même pas leur en donner avis. Il nous plaît, devant cet étrange mépris de tous les droits et de toutes les lois, de ne point laisser croire que de telles tyrannies trouvent des servitudes à leur niveau. Nous ne nous dissimulons pas que la Commune a la force et qu'elle peut tout comme elle ose tout, mais pour l'honneur du journalisme, nous voulons qu'on sache que si la presse a subi le joug du plus fort, elle ne l'a point subi sans protestation et ne l'a jamais accepté.

« LA RÉDACTION DU *Bien public*. »

Le soir, on s'arrachait le journal sur les boulevards, et les gardes nationaux arrêtaient les gens qui le lisaient !

Un mandat d'amener était lancé contre M. Vrignault ; on avait mis les presses sous scellés, et le lendemain, *le Bien public* était obligé de suspendre sa publication (1).

La Commune entrait chaque jour plus avant dans la voie de l'arbitraire et de la violence, qui devait amener si promptement sa perte.

---

(1) *Le Bien public* reparut ensuite sous différents autres titres : *la Paix*, *l'Anonyme*, *le Républicain*, supprimés tous après quelques jours de publication.

TABLE DES MATIÈRES

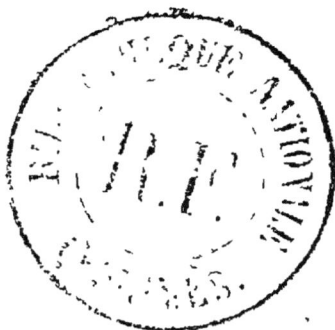

EN VENTE CHEZ LES MÊMES ÉDITEURS

OUVRAGES DE JULES MICHELET

Histoire de France (sous presse). Édition complète en 15 forts vol. in-8 . . . . fr. 75 »

Histoire de la Révolution française. 6 forts vol. in-8 . . . . 30 »

La Sorcière. 1 vol. gr. in-18 . . . . 3 50

La Montagne. 1 vol. gr. in-18 . . . 3 50

Nos Fils. 1 vol. gr. in-18 50

La Bible de l'Humanité. 1 vol. gr. in-18 . . . . 3 50

La Pologne martyre. 1 vol. gr. in-18 . . 3 50

OUVRAGES DE LOUIS BLANC

Histoire de la Révolution française. 13 forts vol. gr. in-18 . . . . fr. 45 50

Le même ouvrage. 3 forts vol. gr. in-8 à 2 colonnes . . . . 36 »

Lettres sur l'Angleterre. 6 vol. in-8 . 36 »

L'État et la Commune. 1 vol. in-8 . 1 »

Histoire de la Révolution de 1848. 2 vol. gr. in-18 . . . . 7 »

OUVRAGES DE M. EDGAR QUINET

Œuvres politiques. 2 vol. gr. in-18 . fr. 7 »

La Révolution. 2 forts et beaux vol. in-8 . 15 »

Le même ouvrage. 2 vol. gr. in-18 . . 7 »

La Critique de la Révolution. 1 vol. in-8 . . . . 1 »

France et Allemagne. 1 vol. in-8 . . 1 »

L'Expédition du Mexique. 1 vol. in-18 . 1 »

La Création. 2 beaux vol. in-8 . . 10 »

La Révolution religieuse au dix-neuvième siècle. 1 vol. in-18 . . 1 »

Le Siége de Paris et la Défense nationale. 1 vol. in-18 . . 1 50

Paris — Imp. Émile Voitelain et Cⁱᵉ, 61, rue J.-J. Rousseau.

www.ingramcontent.com/pod-product-compliance
Lightning Source LLC
Chambersburg PA
CBHW070734270326
41927CB00010B/1990